T0194727

Verena Jacob

Die Bedeutung des Islam für Jugendliche aus der Türkei in Deutschland

Migration und Lebenswelten

Herausgegeben von Prof. Dr. Nausikaa Schirilla

Band 4

Verena Jacob

Die Bedeutung des Islam für Jugendliche aus der Türkei in Deutschland

Empfehlungen für die Soziale Arbeit
in der Jugendberufshilfe

Centaurus Verlag & Media UG

Verena Jacob studierte an der Katholischen Hochschule Freiburg Soziale Arbeit (Diplom) und Soziale Arbeit (Master of Arts). Sie ist Leiterin der Assistenzagentur für Betreuung und Begleitung der Lebenshilfe Baden-Baden/Bühl/Achern e.V.

Bibliografische Informationen der Deutschen Nationalbibliothek
Die Deutsche Nationalbibliothek verzeichnet diese Publikation in der Deutschen Nationalbibliografie; detaillierte bibliografische Daten sind im Internet über http://dnb.d-nb.de abrufbar.

ISBN 978-3-86226-096-6   ISBN 978-3-86226-974-7 (eBook)

DOI 10.1007/978-3-86226-974-7

ISSN 2191-673X

© *CENTAURUS Verlag & Media KG, Freiburg 2011*
www.centaurus-verlag.de

Umschlaggestaltung: Jasmin Morgenthaler

Umschlagabbildung: Moschee, Foto: Philipp S., Quelle: photocase.com

Satz: Vorlage der Autorin

INHALTSVERZEICHNIS

EINLEITUNG

Ziel und Zweck der Untersuchung

Jugendliche mit türkischem Migrationshintergrund werden in der Öffentlichkeit eher mit negativen Assoziationen in Verbindung gebracht. Dieses Bild hat sich durch den 11. September 2001 verschärft. Terroristische und fundamentalistische Haltungen werden häufig verallgemeinert und in der Gesellschaft auf die Gruppe der TürkInnen übertragen. Dies führt zu Abwertungen der MigrantInnen aus der Türkei in Deutschland. Betrachtet man die Tatsache, dass türkische Einwanderer-Innen die zweit größte Migrantengruppe in Deutschland darstellen, bedarf es einer dringenden Veränderung dieser Situation.

Jugendliche mit Migrationshintergrund, darunter auch viele Jugendliche mit türkischem Migrationshintergrund, schneiden im Bildungssystem schlechter ab als Deutsche. Die Gruppe ist weiterhin vermehrt in Hauptschulen anzutreffen. Die Arbeitsmarktsituation für Jugendliche ist prekärer geworden, auch hiervon sind besonders Jugendliche mit Migrationshintergrund betroffen. Um ihnen bessere Ausgangschancen zu ermöglichen, stellt die Jugendberufshilfe eine wichtige Schnittstelle im Übergang von der Schule in den Beruf dar. Die aktuelle Situation in Deutschland zeigt, dass die Maßnahmen in der Jugendberufshilfe zunehmen. In der vorliegenden Arbeit wird die Verfasserin sich auf Jugendliche mit türkischem Migrationshintergrund spezialisieren und diese Zielgruppe in den Blick nehmen.

Der Islam spielt im Leben türkischer Jugendlicher meist eine große Rolle. Sie wachsen mit deutschen Werten und denen ihrer Herkunftsfamilien auf. Diese Situation kann zu Problemen führen und sie in ihrer Entwicklung negativ beeinflussen. Aufgrund der gesellschaftlichen Bewertung des Islam, ihrer Auswirkung und der wachsenden Bedeutung für die Jugendlichen, stellt sich für die Verfasserin der vorliegenden Arbeit die Frage, ob Fachkräfte der Sozialen Arbeit[1] in der Jugendberufshilfe nicht mehr auf den Islam eingehen sollten, und wie dies erfolgen könnte.

In der Politik sowie zwischen den Gelehrten der Religionen ist immer wieder die Rede vom interreligiösen Dialog, bei dem sich Menschen unterschiedlicher religiöser Zugehörigkeit in einem Gespräch aufeinander einlassen. Auch in Bezug auf den Religionsunterricht ist das interreligiöse Lernen von Bedeutung. In der Jugendberufshilfe ist nicht unbedingt davon auszugehen, dass alle SozialarbeiterInnen und SozialpädagogInnen über genügend Kenntnisse bezüglich des Islam verfügen, da die Mehrheit in einer christlich geprägten Welt aufgewachsen ist. Es ist daher zu

---

[1] Da Sozialarbeit und Sozialpädagogik gleichgesetzt sind, sind in der Jugendberufshilfe in der Regel beide Berufsgruppen vertreten. Im Folgenden werden daher immer beide Berufsbezeichnungen verwendet bzw. es wird von Fachkräften der Sozialen Arbeit gesprochen.

überlegen, ob der Ansatz des interreligiösen Dialogs eine Möglichkeit darstellen könnte, um die Bedeutung des Islam für Jugendliche mit türkischem Migrationshintergrund optimal zu berücksichtigen.

Aufgrund der beschriebenen Situation türkischer Jugendlicher ist es wichtig in der Arbeit mit ihnen spezifisch auf sie eingehen zu können. Da über das Thema muslimische Jugendliche in der Jugendberufshilfe wenig Literatur zu finden ist, soll die vorliegende Untersuchung neue Erkenntnisse für die Theorie und Praxis der Sozialen Arbeit hervorbringen. Daher liegt das Ziel der Forschung in der Erarbeitung wichtiger Aspekte, welche Fachkräfte der Sozialen Arbeit im Umgang mit türkischen Jugendlichen beachten sollten. Davon ausgehend sollen Empfehlungen an die Jugendberufshilfe abgeleitet werden, um Jugendliche mit türkischem Migrationshintergrund bestmöglich zu fördern und damit ihrer Benachteiligung entgegen zu wirken. Ein drittes Ziel der zugrunde liegenden Arbeit liegt in der Entwicklung thematischer Inhalte für Fortbildungen mit Fachkräften der Sozialen Arbeit in der Jugendberufshilfe.

Zur Gliederung

Die vorliegende Arbeit gliedert sich in drei Teile: Literaturanalyse, Empirische Forschung und Pädagogische Umsetzung.

Teil 1: Literaturanalyse

Nach dieser Einleitung beschäftigt sich der *erste Abschnitt* mit MigrantInnen aus der Türkei in Deutschland. Hierbei wird zunächst auf die türkische Migration und den Islam in Deutschland näher eingegangen. Die Lebenswelten von Jugendlichen stehen anschließend im Mittelpunkt des ersten Abschnittes. Dabei werden die Sozialisation, die Problematik der Identitätsbildung, die Bildungssituation und die Bedeutung des Islam für Jugendliche mit türkischem Migrationshintergrund in den Blick genommen.

Der *zweite Abschnitt* thematisiert die Jugendberufshilfe. Derzeit ist ihre Struktur sehr unübersichtlich. Um einen besseren Überblick über die Maßnahmen zu erhalten, soll dieser Abschnitt eine Einführung in diesen Arbeitsbereich darstellen.

Eine fremde Religion, wie der Islam für viele SozialarbeiterInnen und SozialpädagogInnen ist, stellt häufig eine Herausforderung dar. Daher nimmt der anschließende *dritte Abschnitt* den Ansatz des interreligiösen Dialogs in den Blick. Dabei werden grundlegende Aspekte näher betrachtet. Hierzu zählen der Umgang mit dem Fremden, die interreligiösen Kompetenzen und die Ziele eines interreligiösen Dialogs.

Teil 2: Empirische Forschung

Der *dritte Abschnitt* stellt eine Hinführung zur empirischen Untersuchung dar. Dabei wird die Fragestellung für diese aufbauend auf der Literaturanalyse entwickelt.

Auf dem Hintergrund des dritten Abschnitts erläutert der *vierte* das Forschungsdesign der vorliegenden Untersuchung. Dabei werden zunächst die auf der Grundlage der Literaturanalyse und der Fragestellung entstandenen Hypothesen dargelegt. Weiterhin geht dieser Abschnitt auf die Zielgruppe, die Datenerhebung sowie das Auswertungsverfahren ein und stellt die Durchführung der Untersuchung dar.

Abschließend widmen sich die *Abschnitte fünf und sechs* den Ergebnissen der durchgeführten Interviews. Dabei werden zunächst die Thesen der einzelnen Kategorien und Subkategorien vorgestellt bevor sie interpretiert und mit der Literatur verglichen werden. Zudem erfolgt die Überprüfung der Hypothesen.

Teil 3: Pädagogische Umsetzung

Im *siebten Abschnitt* wird die Fragestellung der empirischen Forschung beantwortet und davon ausgehend Empfehlungen für den Umgang mit Jugendlichen mit türkischem Migrationshintergrund in der Jugendberufshilfe entwickelt. Weiterhin werden mögliche thematische Inhalte für Fortbildungen mit Fachkräften der Sozialen Arbeit in der Jugendberufshilfe erläutert. Der *achte Abschnitt* stellt abschließend einen Ausblick dar.

TEIL 1

LITERATURANALYSE

1 MIGRANTINNEN AUS DER TÜRKEI IN DEUTSCHLAND

Da im Mittelpunkt der Untersuchung MigrantInnen aus der Türkei in Deutschland stehen, erfolgt zunächst ein theoretischer Input über Migration und Islam in Deutschland. Ausgehend von dieser Übersicht wird die Situation von Jugendlichen mit türkischem Migrationshintergrund näher beleuchtet. Dabei stehen die Sozialisation der Jugendlichen, ihre Identitätsbildung, die in diesem Zusammenhang existierenden Fragen, die Bildungssituation und die Bedeutung des Islam für Jugendliche mit türkischem Migrationshintergrund im Fokus der Betrachtung.

1.1 Migration und Islam in Deutschland

Etwa die Hälfte der in Deutschland lebenden Menschen ohne deutschen Pass sind so genannte ArbeitsmigrantInnen, früher 'Gastarbeiter'[2] genannt, die in den 60er Jahren durch das Anwerbeabkommen nach Deutschland migrierten, bzw. deren Kinder. (Freise 2007: 86) Die größte Gruppe stellen dabei MigrantInnen aus der Türkei dar. Das ursprüngliche Ziel vieler ArbeitsmigrantInnen war, ökonomische Rücklagen zu bilden und in die Türkei zurückzukehren. Dies ergab sich dann für viele anders. Dazu beigetragen hat auch die Familienzusammenführung ab 1973, da sich Familien, die in dieser Zeit nach Deutschland geholt wurden, integrierten und nicht mehr in die Türkei zurückkehren wollten. (Şen et al. 2002: 13)

In Verbindung mit MigrantInnen aus der Türkei ist eine Besonderheit zu nennen. Zu dieser Bevölkerungsgruppe zählen auch die aus der Türkei stammenden Kurden. Zum einen kamen sie mit den bereits genannten 'Gastarbeitern' aus der Türkei in den 60er Jahren nach Deutschland. Zum anderen floh eine zweite Gruppe aufgrund der politischen Situation in der Türkei in den 80er und hauptsächlich 90er Jahren und beantragte in der Bundesrepublik Asyl. (Navend e.V. 2006: o.S.) Im Folgenden werden unter MigrantInnen aus der Türkei sowohl ArbeitsmigrantInnen als auch Flüchtlinge verstanden.

---

[2] Die Bezeichnung 'Gastarbeiter' ist keine korrekte Bezeichnung der MigrantInnen, da es sich bei den EinwandererInnen nicht um Gäste handelt. Dennoch ist dies eine geläufige Bezeichnung, die in der vorliegenden Arbeit ihre Anwendung findet. Um diesen Gedanken zu berücksichtigen, wird die Bezeichnung in Anführungszeichen geschrieben.

In Deutschland leben heute drei Generationen der türkischen ArbeitsmigrantInnen und zwei Generationen der kurdischen Flüchtlinge. Die sogenannten `Gastarbeiter´ stellen die erste Generation dar und befinden sich heute bereits im Rentenalter. Trotz ursprünglicher Pläne wird eine Rückkehr immer unwahrscheinlicher. (Renz et al. 2004: 31f)

Die zweite Generation der ArbeitsmigrantInnen ist 30 bis 45 Jahre alt und bereits in Deutschland aufgewachsen. Aufstiegs- und Bildungsmöglichkeiten stehen bei dieser Gruppe im Mittelpunkt. Viele MigrantInnen aus der Türkei haben dieses Ziel auch erreicht. Eine Auswirkung dieser Entwicklung ist die Tatsache, dass die Kinderzahl in dieser Generation zurückgegangen ist. (Ebd.)

Die dritte Generation ist hier geboren und aufgewachsen. Die Deutsch-kenntnisse sind bei diesen Jugendlichen dennoch nicht unbedingt gut ausgebildet. Muttersprachliche Medien unterstützen die mangelnden Deutschkenntnisse. (Ebd.)

ÖZDEMIR beschreibt das Problem in Bezug auf die MigrantInnen aus der Türkei wie folgt: Da die Kinder in Deutschland zur Schule gegangen sind, haben sie den Vorteil die deutsche Sprache erlernt zu haben. Die TürkInnen der ersten Generation hingegen hatten es aufgrund ihres anstrengenden Arbeitsalltags schwer Deutsch zu lernen. Trotz der Sprachkenntnisse werden die zweite und dritte Generation mit Hürden konfrontiert, die es ihnen erschweren in Deutschland ihren Platz zu finden. Hier ist unter anderem die Bildungssituation zu nennen. (Özdemır 2008: 28f)

Im Mittelpunkt der vorliegenden Arbeit stehen die dritte Generation türkischer ArbeitsmigrantInnen und die zweite Generation kurdischer Flüchtlinge. Nach FREISE gehören die ArbeitsmigrantInnen und Flüchtlinge zu den bedeutendsten Gruppen für die Soziale Arbeit. (Freise 2007: 86) Jugendliche mit türkischem Migrationshintergrund in Deutschland sind demnach eine wichtige Zielgruppe für die Soziale Arbeit und benötigen aufgrund der genannten Hürden eine besondere Beachtung.

Islam in Deutschland

Die Spuren des Islam in Deutschland sind bis ins 17. Jahrhundert zurück zu verfolgen. Die tatsächliche Geschichte des Islam beginnt hier jedoch erst durch die ArbeitsmigrantInnen im 20. Jahrhundert. Zu dieser Zeit kamen viele Muslime[1] in die Bundesrepublik. Heute stellt der Islam nach dem Christentum die zweitgrößte Religion in Deutschland dar. (Spuler-Stegemann 2002: 22)

Der Begriff `islâm´ bedeutet `sich Gott ergeben´. Demnach ist ein Muslim `jemand, der sich Gott ergibt´. (Ebd.: 31) Dabei existiert `der´ Islam nicht. Die in Deutsch-

---

[1] Bei den Begriffen `Christen´ und `Muslime´ wird auf die geschlechtsspezifische Differenzierung verzichtet, da diese nach Meinung der Verfasserin beide Geschlechter beinhalten.

land lebenden Muslime differenzieren sich in unterschiedliche Konfessionen und Rechtsschulen. Dies rührt vor allem durch die Vielzahl der Herkunftsländer, aus denen die MigrantInnen nach Deutschland kamen. Es gibt drei Hauptströmungen: Sunniten, Schiiten und Aleviten. Des Weiteren existieren Gruppierungen, die sich nach dem nicht-orthodoxen Islam richten. (Şen et al. 2002: 17ff) Zahlenmäßig stellen die **Sunniten** mit weltweit 85-90% die größte Gruppe des Islam dar. Die Glaubensvorschriften sind für die Sunniten verbindlich. Für die **Schiiten** sind die Imame als Führer der Glaubensgemeinde besonders wichtig. Der größte Teil der Schiiten bezieht sich auf zwölf Imame. Da einige Imame umstritten sind, kam es innerhalb dieser Gruppe zu Abspaltungen. (Ebd.)

Historisch gesehen bilden die **Aleviten** eine Untergruppe der Schiiten. Von ihnen gibt es zwei Ausprägungen. Die kurdischen und türkischen Aleviten stehen den arabischen Aleviten gegenüber und unterscheiden sich in der religionsgeschichtlichen Herkunft sowie in ihrer Glaubenspraxis. Im Vergleich zu den Sunniten und Schiiten spielen bei den Aleviten im Allgemeinen die religiösen Pflichten wie z.b. Fasten im Ramadan keine Rolle. Sie entwickelten ihre eigenen Riten. Aufgrund der abweichenden Glaubenspraxis wurden die Anhänger dieser religiösen Konfession früher in der Türkei verfolgt. Auch heute noch werden die Zugehörigkeit zu den Aleviten und deren Zusammenkünfte geheim gehalten, um Diskriminierungen zu vermeiden. (Ebd.)

Zusätzlich zu dieser religiösen Unterscheidung weisen türkische Familien in Deutschland eine heterogene Kultur auf. Die Region, aus der die Familie in der Türkei stammt (vom Land oder von der Stadt), ist ein weiteres Unterscheidungsmerkmal. Demnach gibt es TürkInnen, die sich als Muslime fühlen, für die der Moscheebesuch aber kaum eine Rolle spielt. Andere wiederum betonen ihre Frömmigkeit durch ihre Kleidung nach außen. (Tepecik 2003: 40ff)

Der Islam nimmt in den meisten türkischen Familien eine bedeutende Rolle ein und dient häufig als Orientierung. In Deutschland hat die Religion eine identitätsstiftende und eine soziale Funktion für die MigrantInnen. Darüber hinaus stellt die Religion einen Schutzraum im Zusammenhang mit Diskriminierungserfahrungen dar. Die religiösen Gemeinden bieten TürkInnen einen Ort des Austausches und ein Stück Heimat in der Fremde. (Tepecik 2003: 40ff)

In Deutschland lassen sich drei historische Phasen des türkischen Islam feststellen. Die erste Phase war durch die sogenannten `Gastarbeiter´ geprägt. Diese Gruppe praktizierte ihre Religion für sich unbemerkt von der Öffentlichkeit. Die Gesellschaft arrangierte sich mit der Kultur dieser `Gäste´ für deren Aufenthaltsdauer. (Tietze 2001: 32ff)

Als die `Gastarbeiter´ in der zweiten Phase ihre Familien nachholten und sich dauerhaft in Deutschland niederließen, änderte sich die muslimische Praxis. Diese Veränderung rief neue religiöse Bedürfnisse hervor. Albert BASTENIER und Félice DASSETTO nannten diese Phase des türkischen Islam `den verpflanzten Islam´. Werner SCHIFFAUER stellte in seinen Untersuchungen fest, dass es beim Vergleich des `dörflichen Islam´, dem ursprünglichen Islam in den Dörfern der Türkei, mit dem `verpflanzten Islam´ zu einer `Islamisierung des Selbst´ kam. Dies bedeutet, dass durch die Migration die religiöse Praxis zur Sache des individuellen Gewissens wurde. Der Islam gewinnt damit für die MigrantInnen an Bedeutung, weil er Werte begründet und Sinn stiftet. Aufgrund des Fehlens des türkischen Staates in Deutschland entstand ein Vakuum, in dem Randgruppen der türkisch politischen Szene (z.B. Islamisten) Platz fanden. Eine Besonderheit an dieser Phase ist folglich, dass der `verpflanzte Islam´ nicht nur eine Religion darstellt, sondern auch im Bezug zur türkisch politischen Szene steht. (Ebd.)

In der dritten Phase entstanden durch die Verlagerung der Gebetsstätten in die Wohngebiete andere Einrichtungen wie türkische Cafés, Buchhandlungen und Lebensmittelgeschäfte. Durch diese Entwicklung wurden die Gebetsstätten der Organisation vergrößert und stellen für unterschiedliche Zielgruppen eine Anlaufstelle dar. So kann die Gebetsstätte als Versammlungsort von Frauen oder als Freizeitstätte für Jugendliche dienen sowie Kindergärten beinhalten. Diverse Autoren wie z.b. DOOMERNIK sprechen in diesem Zusammenhang von der `Institutionalisierung´ des türkischen Islam in Deutschland. Aufgrund dieser Entwicklung wurden die muslimischen Organisationen zum Gesprächspartner von örtlichen Behörden. (Ebd.)

Aktuelle Bevölkerungsdaten

Nach diesem geschichtlichen Überblick der MigrantInnen aus der Türkei in Deutschland, werden im Folgenden einige aktuelle Daten angeführt, um eine Übersicht über die Zielgruppe der zugrunde liegenden Arbeit zu erhalten. Hierzu gibt es mehrere Quellen, die zum Teil leicht abweichende Daten liefern. Da die unterschiedlichen Aspekte bezüglich türkischer MigrantInnen in Deutschland nicht innerhalb einer Studie behandelt werden, sind die entsprechenden Daten verschiedenen Quellen entnommen.

Im Dezember 2006 lebten gemäß dem ARMUTS- UND REICHTUMS-BERICHT 7,3 Millionen AusländerInnen in Deutschland. Dies entspricht einem Anteil von 8,9% der Bevölkerung der Bundesrepublik. Die größte Gruppe der AusländerInnen sind dabei mit 26% türkische Staatsangehörige. Zum selben Zeitpunkt waren es 14,8 Millionen Personen mit Migrationshintergrund im engeren Sinne und 15,3

Millionen Menschen mit Migrationshintergrund im weiteren Sinne[4]. Damit entsprechen die Menschen mit Migrationshintergrund ca. einem Fünftel der Gesamtbevölkerung. (BMAS 2008: 137f) Weiterhin lebten gemäß der Studie `MUSLIMISCHES LEBEN IN DEUTSCHLAND´ im Jahr 2008 zwischen 3,8 und 4,3 Millionen Muslime in Deutschland. Davon haben 2,5 bis 2,7 Millionen türkische Wurzeln. (BMI 2009: 11f)

Ca. 700.000 der in Deutschland Lebenden mit türkischer Herkunft haben die deutsche Staatsbürgerschaft. (Özdemır 2008: 15) Die Anzahl der Einbürgerungen türkischer MigrantInnen in Deutschland ist laut MIGRATIONSBERICHT in den letzten Jahren zurückgegangen. Lag die Zahl im Jahr 2000 noch bei 44,4%, sank diese im Jahr 2007 auf 25,5%. (BMI 2008: 173ff)

Über 50% des in Deutschland lebenden Bevölkerungsanteils mit türkischem Hintergrund sind laut der Studie `UNGENUTZTE POTENZIALE´ des Berlin Instituts bereits in Deutschland geboren. Prozentual gesehen ist dies mehr als in anderen Migrantengruppen. Nach den AussiedlerInnen, die vor allem aus der ehemaligen Sowjetunion stammen, stellen die TürkInnen die zweitgrößte Migrantengruppe in der Bundesrepublik dar. Außer in der Türkei leben in keinem anderen Land auf der Welt so viele Menschen mit türkischem Hintergrund. Betrachtet man die Altersstruktur bei der türkischen Migrantengruppe ist der Anteil der Jugendlichen besonders hoch. (Berlin Institut 2009: 6ff)

Gemäß einer Untersuchung der BERTELSMANN STIFTUNG gehören 65% der in Deutschland lebenden Muslime den Sunniten an, 9% den Schiiten, 8% den Aleviten und 18% anderen Glaubensrichtungen. Diese Verteilung spiegelt sich auch bei den türkischen Muslimen wieder. Hier ordnen sich 68% der MigrantInnen aus der Türkei den Sunniten und 8% den Schiiten zu. Bei den in Deutschland lebenden Aleviten nehmen die türkeistämmigen Befragten die Mehrheit ein. Insgesamt gehören zu dieser Gruppe 9% der türkischen MitbürgerInnen. Im Vergleich dazu sind in der Türkei lediglich 3% aller Muslime Aleviten. (Heine et al. 2008: 25f)

Die beschriebene Entwicklung der türkischen Migration und des Islam in Deutschland ist von erheblicher Bedeutung für die Sozialisation türkischer Jugendlicher. Im Folgenden soll daher näher auf diese Zielgruppe eingegangen und betrachtet werden, wie sich ihr Leben gestaltet und von welchen Faktoren sie noch beeinflusst werden.

---

[4] Im MIKROZENSUS 2005 des Statistischen Bundesamtes wurde erstmals zwischen *Personen mit Migrationshintergrund im engeren und im weiteren Sinne* unterschieden. Bei der ersten Gruppe handelt es sich um zugewanderte und in Deutschland geborene AusländerInnen. Zu den Personen mit Migrationshintergrund im weiteren Sinne zählen in Deutschland geborene Deutsche, deren Migrationshintergrund durch die Eltern resultiert. (Statistisches Bundesamt Deutschland 2008:31)

1.2 Jugendliche mit türkischem Migrationshintergrund in Deutschland

Um auf die Entwicklung türkischer Jugendlicher in Deutschland näher eingehen zu können, beschreibt der folgende Abschnitt zunächst den Unterschied zwischen Sozialisation und Erziehung. Anschließend wird das Umfeld thematisiert, in dem diese Jugendliche in Deutschland aufwachsen und somit sozialisiert und erzogen werden. Hierzu gehören ebenfalls die Bildungssituation und Bedeutung des Islam für die Jugendlichen.

Sozialisation und Erziehung

Eine genaue Bestimmung des Begriffs Sozialisation stellt eine Herausforderung dar, da eine Vielzahl von Theorien und kritischen Anmerkungen hierzu existieren. Im Folgenden bezieht sich die Verfasserin lediglich auf die allgemeine Definition von BAUMGART, der Sozialisation als *„Entstehung und Bildung der Persönlichkeit aufgrund ihrer Interaktion mit einer spezifischen materiellen, kulturellen und sozialen Umwelt"* (Baumgart 2008: 17) bezeichnet. Die Sozialisation eines Menschen hat die Entwicklung zu einem autonomen und gesellschaftlichen Subjekt zum Ziel und beginnt direkt nach der Geburt. (Zimmermann 2006: 12)

Erziehung ist nach DURKHEIM als methodische Sozialisation zu verstehen. Die Interaktion zwischen ErzieherIn und zu Erziehendem ist dabei ein wichtiger Aspekt. Ein Kind wird mit gewissen Grundausstattungen in ein kulturelles System hineingeboren. Die ErzieherInnen sind dafür verantwortlich, dass sich die Kinder das kulturelle System aneignen können. Erziehung stellt damit eine Unterstützung dar, damit heranwachsende Kinder sich mit der objektiven Wirklichkeit auseinandersetzen und gesellschaftliche Erfahrungen sammeln können. Sozialisation ist nach DURKHEIM mit Erziehung nicht gleichzusetzen, sondern sie kann durch Erziehung ermöglicht werden. (Zimmermann 2006: 13) Erziehung geschieht immer bewusst und planvoll. Ihr Ziel ist eine `optimale´ kindliche und menschliche Entwicklung. Zu den wichtigsten Zielen der Erziehung gehören die Selbstbestimmungs-, Mitbestimmungs- und Solidaritätsfähigkeit, die Mündigkeit sowie die Emanzipation. (Tepecik 2003: 11ff)

Sozialisation erfolgt hingegen in der Regel unbewusst, da jede soziale Situation Erfahrungsmöglichkeiten bietet. Sie ist als umfassender Prozess zu verstehen, da Sozialisation zeitlich und räumlich nicht begrenzt ist. Es wird zwischen primärer und sekundärer Sozialisation unterschieden. (Scherr 2007: 50) Dabei stimmen alle vorherrschenden Theorien darin überein, dass die Familie der primäre Ort der Sozialisation für Kinder und Jugendliche ist. Die Sozialisation umfasst dabei Werteorientierungen, Kompetenzen, Sprachstil und vieles mehr. (Zimmermann 2006: 84) Was unter Familie soziologisch verstanden wird, kann an dieser Stelle nicht näher diskutiert werden, da eine Vielfalt an Definitionen existiert. In der vorliegenden Arbeit wird unter dem Begriff Familie die direkte Familie (Mutter, Vater, Kinder) verstanden. Als sekundärer Ort der Sozialisation werden Bildungs- und Erziehungseinrichtungen gesehen.

Bei der Sozialisation türkischer Jugendlicher sind einige Besonderheiten zu beachten. Zum einen sind dies die Sozialisation in der Migrationssituation, zum anderen die unterschiedlichen Familienformen und zum Dritten die geschlechtsspezifische Sozialisation. Im Folgenden werden diese Aspekte näher beleuchtet.

Sozialisation in der Migrationssituation

Auch wenn die türkischen Jugendlichen nicht unbedingt selbst migriert sind, beeinflusst sie die Migration ihrer Vorfahren. Sie weisen unterschiedliche Strategien im Umgang mit den verschiedenen Kulturen auf. Eine Möglichkeit besteht nach SCHÖNPFLUG in der Enkulturation der Herkunftskultur (Separationsstrategie). Durch das Beibehalten der eigenen Kultur wird die Gruppe jedoch an den Rand der Aufnahmegesellschaft gedrängt. Weitere Strategien stellen die Integration beider Kulturen oder die Übernahme der Kultur der Aufnahmegesellschaft (Assimilation) dar. Welche Strategie die MigrantInnen anwenden, hängt vom Alter, Geschlecht, Familienstatus, Bildungsniveau und ökonomischen Status ab. (Schönpflug 2008: 217ff)

SCHÖNPFLUG weist darauf hin, dass Sozialisation von MigrantInnen immer im Zusammenhang mit der Familie gesehen werden muss, da diese einen wichtigen Beitrag dazu leistet. (Ebd.) Aufgrund dieser Tatsache und da die Familie als Ort der primären Sozialisation gesehen wird, wird folgend auf die Familienformen türkischer MigrantInnen näher eingegangen.

Generell ist davon auszugehen, dass es große Unterschiede in den Familienformen türkischer MigrantInnen gibt. ATABAY stellte in seiner Untersuchung drei verschiedene Familientypen fest: Die religiös-traditionelle Familie (1), die Familie zwischen Tradition und Moderne (2) und die moderne Familie (3).

(1) Die *religiös-traditionelle Familie* hält das strenge patriarchalische Rollenverständnis aufrecht. Es herrscht eine klare Rollenzuteilung vor. Die Frau ist für die Erziehung und die Kinder zuständig, der Mann übernimmt die Versorger- und Führungsrolle. In diesem Familientyp nimmt die Heirat eine wichtige Funktion ein. Ehen werden arrangiert.

(2) In Abgrenzung zum ersten Familientyp werden Ehen in *Familien zwischen Tradition und Moderne* nicht arrangiert. Auch die klare Rollentrennung ist nicht anzutreffen. Viele Frauen sind berufstätig und die Versorgerrolle wird

mit dem Ehemann geteilt. Dennoch bleibt die Zuständigkeit für Erziehung und Kinder bei der Frau. Durch die Berufstätigkeit hat die Frau zusätzlich zu ihrer Mutterrolle eine weitere wichtige Identität inne.

(3) In der **modernen Familie** sind Mann und Frau gleichgestellt. Erziehung und Berufstätigkeit wird als Aufgabe von beiden Geschlechtern gesehen. Auch hierbei gibt es keine arrangierten Ehen. Die Kinder werden gleichberechtigt erzogen. (Geist 2007: 12)

Die Zugehörigkeit zu den einzelnen Familientypen hängt stark von der Herkunft ab. Familien aus dem ländlichen Gebiet gehören eher der religiös-traditionellen Familie an. Gemäß einem Spiegelartikel aus dem Jahre 2004 sind durch die Arbeitsmigration vor allem Männer und Frauen aus dem ländlichen Gebieten nach Deutschland migriert. (Ebd.: 15) Folglich ist davon auszugehen, dass die in der Bundesrepublik lebenden TürkInnen zum größten Teil dem religiös-traditionellen Familientyp angehören.

YADA stellte in ihrer Untersuchung über Erziehungsmilieus deutscher und türkischer Familien fest, dass türkische Kinder genauso wie deutsche in unterschiedlichen Milieus aufwachsen. So gibt es noch immer Kinder der dritten Generation, deren Eltern versuchen den Kontakt zur deutschen Welt zu vermeiden. Das Aufwachsen in religiös-traditionellen Familien ist daher noch immer verbreitet. (Yada 2005: 107) Im Folgenden wird daher, als eine Besonderheit, die Sozialisation in religiös-traditionellen Familien näher betrachtet.

Sozialisation in religiös-traditionellen Familien

Für traditionelle türkische Familien stellen der Islam und traditionelle Werte wichtige Elemente in der Erziehung dar. Jugendliche mit türkischem Migrationshintergrund, die in Deutschland aufwachsen, werden allerdings auch durch Schule, Freunde und Freizeitverhalten von der deutschen Kultur beeinflusst. Die Eltern versuchen ihre Kinder vor der Entfremdung vom Islam zu schützen, indem sie ihnen traditionelle und kulturelle Werte und Verhaltensvorschriften vermitteln.

Daher legen viele türkische Eltern Wert darauf, dass ihre Kinder die wichtigsten Vorschriften des Islam einhalten. Hierzu gehören Gebet, Fasten und der Besuch der Moschee. Dem deutschen Schulsystem gegenüber haben viele türkische Eltern eine skeptische Haltung, da die Kinder dort eine zu freie Erziehung genießen und wenig Wert auf Respekt gegenüber älteren Personen gelegt werde. Die Vermittlung von Werten wie Individualität und Mitbestimmung stehen im Gegensatz zu den Erziehungsvorstellungen der türkischen Eltern. THOMÄ-VENSKE geht davon aus, dass durch dieses Spannungsfeld Gewissenskonflikte bei den Kindern entstehen, welche negative Auswirkungen auf die Identitätsentwicklung haben. (Tepecik 2003: 39ff)

Da viele türkische ArbeitsmigrantInnen geplant hatten, eines Tages wieder in die Türkei zurückzukehren, wollten sie ihre Kinder auf das Leben in ihrer Heimat vorbereiten und wendeten das türkische Verständnis von Erziehung an. (Payandeh 2002: 65) Aus der Angst heraus, dass die Kinder durch die türkisch-deutsche Sozialisation die Werte und Normen der Eltern nicht übernehmen, legen diese großen Wert auf eine autoritäre und geschlechtsspezifische Erziehung. (Geist 2007: 15) Dies ist eine weitere Besonderheit, die im Folgenden thematisiert wird.

Die geschlechtsspezifische Sozialisation der Mädchen

Obwohl Männer und Frauen religiös gleichwertig sind, ist aus muslimischer Sicht der Mann der Frau von Natur aus überlegen. Dies bekommen die Mädchen schon früh durch die Erziehung vermittelt. Gehorsamkeit, Freundlichkeit und zurückhaltendes Auftreten sind sehr wichtig. In der Erziehung haben männliche Familienmitglieder mehr Rechte, Freiheiten und weniger Pflichten als Frauen. Diese nimmt die Rolle der Partnerin des Mannes, Hausfrau und Mutter ein. Dem Vater als Oberhaupt der Familie muss Respekt entgegen gebracht werden. (Geist 2007: 21)

Das Mädchen der Familie stellt die Trägerin der Familienehre dar. Daher ist es wichtig, dass diese Ehre bewahrt und beschützt wird. Mädchen werden durch Verbote eingeschränkt und bei Normabweichungen durch stärkere Sanktionen bestraft. STÜWE räumt allerdings ein, dass sich die Erziehung türkischer Mädchen in Deutschland zwar an den Regeln des Herkunftslandes orientiert, die Eltern aber dennoch ein gewisses Maß an Anpassung an die deutsche Lebensart tolerieren. (Payandeh 2002: 66ff)

Aufgrund dieser geschlechtsspezifischen Erziehung befinden sich vor allem die Mädchen in traditionellen Familien in Spannungssituation. Sie versuchen eine Balance herzustellen, zwischen den türkischen traditionellen und deutschen Werten. Dies ist allerdings schwierig, da sich die Wertevorstellungen häufig gegenseitig ausschließen. Der daraus resultierende Konflikt macht sich vor allem in der Pubertät bemerkbar. (Ebd.: 77ff)

Gemäß einer Untersuchung von RIESNER lassen sich, abhängig von den genannten Familientypen, türkische Frauen (die Untersuchung erfolgte mit Frauen zwischen 18 und 28 Jahren) in Gruppen zusammenfassen, die jeweils ein anderes Verhaltensmuster aufweisen. RIESNER nennt diese, die Gruppe der eher `türkisch´ orientierten Frauen, die Gruppe der `bikulturell´ orientierten Frauen und die Gruppe der eher `deutsch´ orientierten Frauen. (Ebd.)

Die *Gruppe der eher `türkisch´ orientierten Frauen* wendet sich vermehrt den traditionellen Werten der Herkunftsgesellschaft zu. Ihre Reaktion auf Rollenerwartungen ist Anpassung an die türkischen Normen. Sie widersetzen sich nicht den

Verboten, versuchen allerdings auch nicht ihren Handlungsspielraum durch Heimlichkeiten zu vergrößern. Offene Auseinandersetzung zwischen Eltern und Töchtern werden in der Regel vermieden, da eine Angst besteht die Eltern zu enttäuschen. Der Freundeskreis setzt sich aus Frauen der eigenen Herkunft zusammen. (Ebd.)

Die zweite Gruppe nennt REISNER die *Gruppe der `bikulturell´ orientierten Frauen*. Diese Frauen wurden durch die deutsche und türkische Kultur sozialisiert. Durch Heimlichkeiten umgehen sie die Regeln der Eltern und setzten sich aber auch mit ihnen offen auseinander. Dennoch ist das türkische Nationalgefühl groß. Aufgrund des Kontaktes zu Deutschen und TürkInnen entwickeln diese Frauen eigene Wertorientierungen. (Ebd.)

Bei der *Gruppe der eher `deutsch´ orientierten Frauen* besteht seit Beginn ihrer Schulzeit vor allem Kontakt zu Deutschen. In der Pubertät kamen starke Einschränkungen auf sie zu, die sie mit Heimlichkeiten umgingen. Dies führte zu einer Distanzierung von den türkischen Werten und damit zu einer inneren Zerrissenheit. Die Flucht aus dem Elternhaus sahen diese Frauen als einzige Alternative und ihre Unabhängigkeit hat bis heute einen hohen Stellenwert. Dies zeigt sich ebenfalls in der Bedeutung der Berufstätigkeit für diese Frauen. (Ebd.)

Die Problematik der Identitätsbildung

Der vergangene Abschnitt deutete bereits auf die Herausforderung für die Identitätsbildung türkischer Jugendlicher hin, die aufgrund der Konfrontation mit den traditionellen Werten der Familie und dem Leben in Deutschland entsteht. Im Folgenden wird diese Problematik näher beleuchtet.

Der Prozess der Identitätsbildung bedeutet für viele Kinder eine große Herausforderung. Zum einen gehört hierzu die Entwicklung einer `sozialen Identität´ im Sinne des Hineinwachsens in die Gesellschaft und der Entwicklung von Beziehungen zu anderen Menschen. Zum anderen zählt die `personale Identität´ zu diesem Prozess, welche den Menschen unterscheidbar und abgrenzbar macht. Identität bedeutet demnach zu wissen, wer man ist. (Freise 2007: 121)

Identität entwickelt sich im Inneren der Person und stellt somit einen Prozess dar, der sich mit den äußeren `gesellschaftlich vorgegebenen Rollen und Normen auseinandersetzt. Das Kind orientiert sich an den Werten und Normen der Eltern. In der Adoleszenzkrise wandelt sich dies unter Umständen und der Jugendliche beginnt sich von den Eltern zu lösen. (Freise 2005: 11) Die Identitätsbildung in den modernen Industriegesellschaften, zu denen auch Deutschland zählt, hat sich in den letzten vierzig Jahren erheblich verändert. Früher wurden Kinder und Jugendliche durch die Familie und vorgebende Sozialisationsinstanzen vorgeprägt. Heute existieren unterschiedliche Lebensformen, zwischen denen sich die Kinder und Jugendlichen entscheiden müssen. Die Identitätsbildung wird somit zum lebenslangen Prozess. (Freise 2007: 121)

Migration in ein anderes Land bzw. in eine andere Kultur bedeutet, dass die eigene Identität in Frage gestellt wird. Das Erlernte in Bezug auf Sprache, Werte und Verhalten, nimmt in dem anderen Land eine neue Bedeutung ein. Routinen werden in Frage gestellt, Rollenmuster und auch der Status der Menschen verändern sich. Es bedarf starker psychischer Energien diesen Prozess zu überstehen und zu verarbeiten. Jugendliche in Migrationsprozessen scheinen dabei besonders gefährdet zu sein, da sie während dem Aufbau ihrer Persönlichkeit aus den gewöhnlichen Bezügen herausgerissen werden. (Ebd.: 88)

Die Identitätsentwicklung von Jugendlichen mit Migrationshintergrund ist von einer besonderen Situation geprägt. Sie werden von drei Kulturen beeinflusst: von der Kultur des Einreiselandes, der ethnischen Gemeinde im Einreiseland und der Kultur des Ursprunglandes. Jugendliche mit türkischem Migrationshintergrund der zweiten und dritten Generation sind in der Regel häufig weder völlig in die neue noch in die alte Kultur eingetaucht. Aufgrund der Doppel-Sozialisation ist es den Jugendlichen nicht möglich eine eindeutig türkische oder deutsche Identität zu entwickeln. (Öztopak 2007: 50f)

HARDIMAN und JACKSON entwickelten eine soziale Identitätsentwicklungstheorie. Für die vorliegende Arbeit sind vor allem die vierte und fünfte Phase des Identitätskonzepts bei Jugendlichen mit Migrationshintergrund von Bedeutung: In der Phase der `Neudefinition der eigenen Identität´ schließen sich kulturell homogene Gruppen zusammen und entwickeln eine eigene Gruppenkultur, welche häufig von außen als Ghettoisierung bezeichnet wird. Diese Entwicklung dient der Stärkung des Ichs. Damit Identität entstehen kann, bedarf es ebenfalls einer Abgrenzung.

Nach Abschluss dieser Stufe wird im Idealfall in der fünften Phase (`Internalisierung´) die gewonnene Identität auf das Alltagsleben übertragen. Die Individuen besitzen ein hohes Maß an Selbstbewusstsein und die Jugendlichen in den verschiedenen Kulturen sehen diese nicht mehr als Belastung an. Vielmehr sollte diese Situation eine Bereicherung der Persönlichkeit darstellen. (Freise 2005: 20ff)

Anhand der beschriebenen Veränderungen in den modernen Industriestaaten stellt der Unterschied zwischen den Lebensmodellen des Herkunftslandes und des Einwanderungslandes eine Herausforderung für Kinder und Jugendliche mit Migrationshintergrund dar. FREISE führt im Rahmen einer Untersuchung einige Spannungsfelder auf, die Kinder und Jugendliche mit Migrationshintergrund bei der Identitätsentwicklung wahrnehmen. Dabei ist zu beachten, dass diese Spannungsfelder nicht der einzige Grund für Probleme in der Adoleszenz sind. (Freise 2007: 124ff)

(1)   *Die Familienzentriertheit versus Selbständigkeit*
In den modernen Industriegesellschaften bedeutet der Zeitpunkt der Ausbildung bzw. des Studiums häufig den Auszug von zu Hause. In türkischen Familien ist dieser Zeitpunkt erst mit der Heirat erreicht. Solange türkische Kinder und junge Erwachsene zu Hause leben, unterstehen sie den Anweisungen der Eltern. Deutsche Jugendliche haben selbst wenn sie noch zu Hause leben mehr Freiheiten.

(2)   *Geschlechterspezifische Rollentrennung versus Rollendurchlässigkeit*
Wie bereits beschrieben ist die Trennung der männlichen und weiblichen Rollen in den orientalischen Ländern wie auch der Türkei erheblich größer als in Deutschland. Dies wirkt sich auch auf die Jugendlichen aus, indem sie sich zu geschlechtsgetrennten Gruppen mit unterschiedlichen Aktivitäten zusammenschließen. Da ihrem Verständnis nach Männer und Frauen unterschiedliche Aufgaben haben, differenzieren sich auch ihre Rechte und Pflichten.

(3)   *Heirat als Großfamilienprojekt versus individuelle Partnerschaftsgestaltung*
Die Vorstellung über die Ehe divergiert ebenfalls in den orientalischen- und Industrieländern. In der Türkei stellt die Ehe das herausragende Ziel des Erwachsenwerdens dar, in das die Frau unberührt gehen muss. Viele MigrantInnen aus der Türkei in Deutschland ziehen es vor in der eigenen Kultur zu heiraten. Jugendliche mit türkischem Migrationshintergrund nehmen zwar wahr, dass deutsche Jugendliche ihre Partnerschaften in unterschiedlicher Weise leben, üben Kritik an der eigenen kulturellen Auffassung von Ehe, negieren aber die völlige Übernahme des deutschen Lebensmodells.

(4)   *Religiöse Grundhaltung versus Säkularisierung*
Die Religion stellt in türkischen Familien, auch wenn sie diese nicht praktizieren, einen wesentlichen Bestandteil ihres Lebens dar. Einige Jugendliche mit türkischem Migrationshintergrund halten sich daher streng an die Regeln des Islam. Viele Sunniten und Schiiten sehen beispielsweise das Tragen eines Kopftuches als religiöse Pflicht an, obwohl islamische Theologen dafür im Koran keine Norm heraus lesen. SCHRÖDER geht davon aus, dass Jugendliche mit Migrationshintergrund durch den Islam ihre Identität in Abgrenzung zur Mehrheitsgesellschaft ausdrücken wollen.

(5)   *Der Druck der Eltern*
Türkische Eltern unterwerfen ihre Kinder in der Regel stärkeren Reglementierungen als deutsche Eltern. Die Heirat mit einem Partner einer anderen Religion oder Nationalität stellt in türkischen Familien manchmal ein Konfliktthema dar. Jugendliche mit türkischem Migrationshintergrund müssen sich in

dieser Situation gegen die Großfamilie entscheiden oder sich von für sie wichtig gewordenen Teilen, wie der deutschen Kultur, trennen.

(6) *Die Diskriminierung durch die Außenwelt*
Diskriminierungserfahrungen gehören für viele Jugendliche mit Migrationshintergrund zum Alltag.

(7) *Die Bedrohung durch Rechtsradikale*
Die Bedrohung durch Rechtsradikale ist vor allem in den neuen Bundesländern zu spüren. Gewalt führt häufig zu Gegengewalt. Dies ist eine der Ursachen, warum Gangs von türkischen Jugendlichen gewaltbereit sind. (Freise 2007: 124ff)

Bildungssituation und Chancen auf dem Ausbildungsmarkt

Die Bildungssituation der MigrantInnen ist sehr heterogen gestaltet. Ein Teil weist eine verlängerte Bildungslaufbahn auf. Bei einem größeren Teil hingegen ist diese wiederum durch fehlende oder niedrige Abschlüsse geprägt. (Wensierski 2007: 59) Die in Deutschland geborenen MigrantInnen scheitern häufig immer noch in der Schule. Bei den Diskussionen um die Integration auf dem Bildungs- und Arbeitsmarkt stehen vor allem Jugendliche mit türkischem Migrationshintergrund im Fokus der Öffentlichkeit. (Özdemır 2008: 15)

Bereits in der PISA Untersuchung von 2003 wurde festgestellt, dass deutsche SchülerInnen besser abschneiden als SchülerInnen mit Migrationshintergrund. (BMBF 2006: 34) Die Untersuchungen des BILDUNGSBERICHT 2006 zeigten auf, dass die Bildungsbeteiligung von Personen mit Migrationshintergrund relativ niedrig ist. SchülerInnen mit Migrationshintergrund besuchen seltener das Gymnasium und bleiben häufiger ohne Schulabschluss. Daher sind ihre Chancen auf eine erfolgreiche Bildungslaufbahn gesunken. (Autorengruppe Bildungsberichterstattung 2008: 213) Eine Untersuchung des BUNDESMINISTERIUMS FÜR BILDUNG UND FORSCHUNG (BMBF) über Jungen im Schulsystem stellte fest, dass sich die Verteilung auf die Schulen in den Schulabschlüssen wiederspiegelt. 20% der männlichen Jugendlichen mit Migrationshintergrund verlassen die Schule in Deutschland ohne Abschluss. Dieser Prozentsatz ist doppelt so hoch wie bei männlichen und vier Mal so hoch wie bei weiblichen deutschen Jugendlichen. Den Hauptschulabschluss erreichen 42,6% aller männlichen Schüler mit Migrationshintergrund. Zur allgemeinen Hochschulreife gelangen lediglich 8,5%. Der Anteil der deutschen Schüler liegt im Vergleich dazu knapp drei Mal so hoch. GOGOLIN weist darauf hin, dass der Bildungserfolg bei Jugendlichen mit Migrationshintergrund zwar gestiegen ist, die Ungleichheit aber bestehen bleibt, da auch der Bildungserfolg der deutschen Jugendlichen gewachsen ist.

Die Untersuchung des BMBF ergab weiterhin, dass in der Grundschule Jungen mit Migrationserfahrung ca. viermal häufiger eine Klasse wiederholen als die deutschen Mitschüler. Dieser Unterschied nimmt allerdings in den höheren Klassen ab. In den Jahrgangsstufen sieben und acht, in denen deutsche Jungen die höchsten Wiederholungsquoten aufweisen, ist der Anteil von Jungen mit und ohne Migrationshintergrund ausgeglichen. Der Leistungsunterschied zwischen Jungen und Mädchen mit Migrationshintergrund ist erheblich geringer als bei deutschen Jugendlichen. Dies bedeutet, dass der Migrationsstatus einen höheren Einfluss auf die Bildung hat als das Geschlecht. (BMBF 2008: 13)

Aufgrund der direkten Erfahrungen mit der Einwanderung ist anzunehmen, dass sich die Situation der SchülerInnen der ersten Generation am schwersten darstellt. Das Erlernen einer neuen Sprache, Anpassen an neue Kulturen, soziale Situationen sowie das ungewohnte neue Schulsystem erschweren es ihnen gute Leistung zu erbringen. Für die Generationen, die bereits in Deutschland geboren sind und ihre komplette Schulzeit in Deutschland verbringen, könnten andere Ergebnisse erwartet werden. Aber auch bei diesen Gruppen existieren erhebliche Leistungsunterschiede im Vergleich zu den deutschen Jugendlichen. Im Ländervergleich weist Deutschland dabei den größten Unterschied auf. (BMBF 2006: 34f)

Die schlechten schulischen Leistungen haben negative Auswirkungen auf den Übergang in eine Berufsausbildung. In der dualen Ausbildung sind Jugendliche mit Migrationshintergrund im Verhältnis zu deutschen deutlich unterrepräsentiert. Viele dieser Jugendlichen sind in den Maßnahmen der Jugendberufshilfe vorzufinden (näheres hierzu in Abschnitt 2). (Autorengruppe Bildungsberichterstattung 2008: 213) Der Bildungsbericht 2007 bestätigt diese Tatsache. Von 182.000 Ausbildungssuchenden mit Migrationshintergrund bekamen lediglich 52.500 Jugendlichen einen Ausbildungsplatz. Dies entspricht weniger als 33% der BewerberInnen. Bei den Jugendlichen ohne Migrationshintergrund liegt die Anzahl der Vermittlungen bei 40%. (BMBF 2008: 129) Am Größten ist die Chance für Jugendliche mit Migrationshintergrund in den Berufen einen Ausbildungsplatz zu erhalten, die für deutsche Jugendliche nicht so attraktiv erscheinen. Zudem ist der Anteil der Auszubildenden, welche die Berufsausbildung abbrechen, bei Jugendlichen mit Migrationshintergrund erheblich höher als bei deutschen Jugendlichen. (Granato 2003: 117ff)

Beim Übergang von der Schule in eine Ausbildung wird die Situation für Jugendliche mit Migrationshintergrund durch das Zusammenwirken vieler Ursachen erschwert. Der BILDUNGSBERICHT 2006 sieht einen Grund in der institutionellen Segregation der Jugendlichen und in den Tageseinrichtungen. Auch der sozioökonomische Hintergrund nimmt auf den Übergang in die Ausbildung Einfluss. (Autorengruppe Bildungsberichterstattung 2008: 213) Es ist davon auszugehen, dass der

Migrationshintergrund und die soziale und soziokulturelle Herkunft stark miteinander verbunden sind. Viele Jugendliche mit Migrationshintergrund stammen aus Familien mit niedrigem sozioökonomischem Status. Diese problematische Kombination erschwert die Kompetenzentwicklung der Kinder und Jugendlichen. Die VEREINIGUNG DER BAYRISCHEN WIRTSCHAFT E.V. weist darauf hin, dass dem Faktor Migration im Gegensatz zum Faktor sozioökonomischer Status eine zu große Bedeutung zugewiesen wird. (Vbw 2007: 35)

Der Zusammenhang zwischen dem sozioökonomischen Hintergrund und der Bildungsbeteiligung macht sich auch in der PISA Studie bemerkbar. MigrantInnen aus der Türkei zählen zu 72% zur unteren und mittleren Einkommensklasse. Verglichen mit anderen MigrantInnen ist dies sehr hoch. (Müller 2006: 91) Es zeigt sich, dass besonders türkischstämmige Jugendliche, welche wie bereits erwähnt die größte Gruppe der AusländerInnen in Deutschland bilden, und solche aus sonstigen Anwerbestaaten eine auffallend geringe Beteiligungsquote aufweisen. (Autorengruppe Bildungsberichterstattung 2008: 37)

ÖZDEMIR zeigt auf, dass türkische Kinder und Jugendliche häufig eine Mischung aus Türkisch und Deutsch sprechen, da sie zu Hause wenig Deutsch lernen. Daher fällt es ihnen schwer in der Schule mitzuhalten. Die frühe Trennung aller SchülerInnen nach der vierten Klasse und deren Verteilung in die weiterführenden Schulen fördert dies. Dabei werden Jugendliche mit Migrationshintergrund vorwiegend in der Hauptschule aufgenommen. Kinder und Jugendliche mit türkischem Migrationshintergrund müssen von anderen lernen, dass sie mit Fleiß das Abitur erreichen können. Wenn aber im nahen Umfeld niemand ist, der dies den Kindern vermittelt, ist es für sie schwierig eine Motivation zu entwickeln. Viele türkischstämmige Eltern haben zudem nicht das Bewusstsein dafür, das Schulleben ihrer Kinder aktiv mitzuverfolgen. (Özdemır 2008: 29f) Dadurch fehlt es den Kindern und Jugendlichen an Untertsützung.

Das BERLIN INSTITUT stellte fest, dass die türkische Bevölkerung mit Abstand die am schlechtesten integrierte Migrantengruppe ist. Ein Grund liegt in der niedrigen Bildung der ersten Generation. Aufgrund der Größe der Migrantengruppe fällt es ihnen leichter unter sich zu sein als dies bei anderen MigrantInnen der Fall ist. (Berlin Institut 2009: 7f) Betrachtet man die in Deutschland lebenden Erwerbslosen nach Bevölkerungsgruppen, lagen im Jahr 2005 die Personen mit türkischem Hintergrund mit 23% auf dem dritten Platz, nach den Personen aus dem Nahem Osten (35%) und Afrika (26%). (Statista.com 2009: o.S.)

Da MigrantInnen in Bezug auf den Bildungs- und Arbeitsmarkt einen erheblichen Nachteil erfahren, weisen sie unterschiedliche Bewältigungsstrategien auf, um mit dieser Situation umzugehen. Hinzu kommt die Ablehnung gegenüber ihnen, die sie von weiten Teilen der deutschen Bevölkerung erhalten. Die Familie bekommt im

Zusammenhang mit der Bildungs- und Arbeitsmarktsituation eine besondere Bedeutung. Weitere Strategien bilden das Zurückgreifen auf traditionelle Hekunfts- kulturen oder fundamentalistische Vorstellungen. (Müller 2006: 90ff)

Die Bedeutung des Islam für Jugendliche mit türkischem Migrationshintergrund

In den vergangenen Jahren wurden mehrere Studien zur Religiosität von (muslimi- schen) Jugendlichen durchgeführt:

- Nicola Tietze (2001) – `Formen muslimischer Religiosität junger Männer´.

- Neclá Kelek (2002) – `Islamische Religiosität und ihre Bedeutung in der Le- benswelt von Schülerinnen und Schülern türkischer Herkunft´.

- Shell Studie (2006) – `Jugend 2006´.

- Stiftung Zentrum für Türkeistudien (2006) – `Islam in Deutschland. Einstel- lungen der türkischstämmigen Muslime´.

- Halit Öztürk (2007) – `Wege zur Integration. Lebenswelten muslimischer Jugendlicher in Deutschland´.

- Bertelsmann Stiftung (2008) – `Religionsmonitor 2008. Muslimische Religi- osität in Deutschland´.

Weiterhin existieren Studien, die im letzten Jahrhundert veröffentlicht wurden. Um die Aktualität zu bewahren, wird nicht näher auf diese eingehen. Im Folgenden werden daher die für die vorliegende Arbeit relevanten Ergebnisse der oben ge- nannten Studien dargelegt.

Nicola Tietze (2001) – `Formen muslimischer Religiosität junger Männer´

TIETZE beschäftigte sich in ihrer Untersuchung mit männlichen Muslimen in Deutschland und Frankreich. Sie stellte fest, dass die Selbstbeschreibung der Mus- lime sehr unterschiedlich ist. Dies führte sie auf die Individualisierung der Identifi- kation mit dem Islam zurück. Der Bezug zum Islam stützt sich auf unterschiedliche Aspekte. Zum einen kann die Zugehörigkeit zum Islam vor allem bei arbeitslosen Jugendlichen Struktur in den Alltag bringen. Andere Gründe liegen in der Abnabe- lung von den Eltern ohne einen Bruch zu verursachen, in der Verarbeitung der Spannungen im eigenen Lebenslauf oder sie dient als Mittel zum Hervorheben von Differenzen. TIETZE geht davon aus, dass die Identifikation mit dem Islam durch das Glaubensprinzip und das Zugehörigkeitsprinzip (Aneignung von Traditionen) geprägt ist. (Tietze 2003: 83ff)

Davon ausgehend entwickelte die Autorin vier Formen muslimischer Religiosität: Ethisierung, Ideologisierung, Utopisierung und Kulturalisierung des Religiösen.

TIETZE stellt weiterhin fest, dass Muslime in der postindustriellen Moderne zwischen den verschiedenen Formen der Religiosität zirkulieren können. Die Gläubigen sind nicht starr einer Gruppe zuzuordnen. Abhängig von ihrer Lebenssituation können sie eine andere Form der Religiosität für wichtig erachten. (Tietze 2001: 157ff)

In der Moderne steht das Individuum vor der ständigen Herausforderung sich als Subjekt zu behaupten. Diese Subjektivität beinhaltet die Distanz zu den eigenen sozialen Erfahrungen und die Wahl bzw. Kombination zwischen verschiedenen Handlungsprinzipien. TIETZE geht davon aus, dass Religion genauso wie die Ausübung eines Berufes oder eines Sports zur Subjektivierung beitragen kann. Die Identifikation mit einer religiösen Tradition setzt die Individuen in den Zusammenhang mit der Vergangenheit, Gegenwart und Zukunft. Die Symbole der muslimischen Tradition wie die Moschee, religiöse Feste oder Gebete geben dem Leben dabei Struktur. Damit sie im 21. Jahrhundert allerdings einen Sinn ergeben, müssen sie an die biografische und soziale Situation des Individuums angepasst werden. Dies bedeutet, dass 'Muslim-sein' kein feststehendes Verhalten darstellt, sondern veränderbar ist und in heterogenen Religiositätsformen zum Ausdruck kommt. (Ebd.: 7f)

Die Bezeichnungen 'Türke' und 'Muslim' beziehen sich auf zwei unterschiedliche Perspektiven. Die erste deutet auf eine kulturelle, national definierte Distanz hin, die zweite betont die empfundene religiöse Fremdheit gegenüber anders Gläubigen. Folglich wendet die Zugehörigkeit zum Islam die Stigmatisierung des 'türkischen Ausländers' ins Positive. Einer der Interviewten von TIETZE formulierte dies folgendermaßen: *„Ich bin Muslim, weil wir Türken in Deutschland unterdrückt werden"* (Tietze 2004: 133). Die Unterscheidung der Bezeichnungen 'Türke' und 'Muslim' wird von vielen Türken und Muslimen auch auf die Deutschen übertragen. Damit werden diese zu Christen. (Ebd.: 123ff) Es verhilft Türken dazu als Muslime und damit Anhänger einer Weltreligion Christen gleichgestellt zu sein. Als 'Türke' oder 'Ausländer' hingegen, findet eine soziale und politische Unterordnung statt. (Tietze 2001: 14)

Damit kommt TIETZE zu dem Schluss: „Der Islam wird zu einem Element unter vielen, um die eigene 'Türkizität' zu unterstreichen [...]" (Ebd.: 14).

Neclá Kelek (2002) – `Islamische Religiosität und ihre Bedeutung in der Lebenswelt von Schülerinnen und Schülern türkischer Herkunft´

KELEK interviewte 15 SchülerInnen an einer Gesamtschule, um die Bedeutung der Religion für die Lebenswelten der SchülerInnen zu erforschen. Dabei stellte sie fest, dass `Muslim-sein´ Identifikation mit der Heimat bedeutet. Gleichzeitig befinden sich die Jugendlichen mit türkischem Migrationshintergrund in der Moderne, in der ihre Zukunftsperspektive liegt. Dies ist mit der Loslösung von traditionellen Werten verbunden. Die Jugendlichen erfahren, dass die unterschiedlichen Werte zwischen Tradition und Moderne nur begrenzt miteinander vereinbar sind. Dadurch haben sie das Gefühl in zwei Welten zu leben und versuchen eine Balance zwischen diesen herzustellen. Jugendliche mit türkischem Migrationshintergrund müssen eigene Bewältigungsstrategien im Umgang mit der Tradition und der Moderne entwickeln. Dabei bekommt die Rückbesinnung auf die Identität als `Muslim-sein´ eine besondere Bedeutung, um Handlungssicherheit zu erreichen. (Kelek 2002: 188)

`Muslim-sein´ ist daher nicht als eine traditionelle Selbstverortung zu sehen, sondern als ein individueller und gemeinsamer Modernisierungsprozess. Dies zeigt sich unter anderem darin, dass die Einhaltung der Religionsvorschriften keine Selbstverständlichkeit, sondern eine subjektive Praxis darstellt. (Ebd.: 189f) In diesem Zusammenhang spricht KELEK von einem `muslimischen Habitus´ (Ebd.: 64), der beeinflusst durch das Herkunftsmilieu entsteht und sich im Laufe der Sozialisation bei jeder Person spezifisch entwickelt.

Die Autorin geht weiterhin darauf ein, dass die Selbstzuordnung zum `Muslim-sein´ keine religiöse Orientierung oder fundamentalistische Strömung ist. Vielmehr stellt es eine Hilfe dar, die eigene Integration zu fördern. Demnach bedeutet `Muslim-sein´ Orientierung an einem türkisch-islamischen Menschenverstand, der das Bedürfnis nach Aufgehobenheit, Gemeinschaftlichkeit und den Kontakt mit den eigenen Wurzeln befriedigt. KELEK sieht darin die Möglichkeit eine Handlungsfähigkeit für die Moderne zu entwickeln. (Ebd.: 189f)

Im Gegensatz zu TIETZE konnte KELEK in ihrer Untersuchung die genannte `Türkizität´ und damit die untergeordnete Bedeutung der Religion nicht feststellen. Ihre Ergebnisse ergaben, dass der Islam eine identitätsstiftende Bedeutung für den persönlichen Lebensentwurf der Jugendlichen hat. KELEK kritisiert an der Untersuchung von TIETZE, dass ihre Thesen sehr einseitig sind, da sie sich nur auf männliche Türken bezieht und dabei die weibliche Religiosität außer Acht ließe. KELEK geht hingegen davon aus, dass die gesellschaftliche Dimension des Islam von weiblichen und männlichen TürkInnen in Deutschland in gleichem Maße empfunden wird. Sie stellt in ihrer Untersuchung zudem fest, dass die Familie einen erheblichen Einfluss auf die Religiosität der Jugendlichen hat. (Kelek 2002: 172ff)

Shell Studie (2006) – `Jugend 2006´

Mit der 15. Shell Jugendstudie wurden 2532 Jugendliche zwischen 12 und 25 Jahren zu unterschiedlichen Themen befragt, darunter das für diese Arbeit grundlegende Thema Jugend und Religiosität. Die Stichprobe setzt sich nicht nur aus muslimischen Jugendlichen zusammen, sondern nimmt generell Jugendliche in Deutschland in den Blick. Sie unterscheidet zwischen drei Gruppen: Jugendliche aus Westdeutschland, Jugendliche aus Ostdeutschland und Jugendliche mit Migrationshintergrund. Bei den ausländischen Jugendlichen sind diejenigen mit islamischer Religionszugehörigkeit die größte Gruppe. Die Untersuchung erzielte folgende Ergebnisse:

Generell konnte festgestellt werden, dass das Thema `Jugend und Religiosität´ stärker in der Öffentlichkeit diskutiert wird. In diesem Zusammenhang stehen auch Jugendliche mit Migrationshintergrund. Hierbei besteht die Befürchtung, dass der Einfluss der Islamisten auf Jugendliche mit islamischem Hintergrund ansteigt.

Die Untersuchung ergab weiterhin, dass Religiosität nicht mit Konfessionsgebundenheit gleichzusetzen ist. 75% der Befragten bezeichneten sich als konfessionsgebunden, 25% als konfessionslos. Bei den konfessionsgebundenen Jugendlichen gehören 5% dem Islam an. Lediglich 12% der ausländischen Jugendlichen schätzen sich als konfessionslos ein. Im Vergleich dazu liegt die Zahl der deutschen konfessionslosen Jugendlichen in den alten Bundesländern bei 12% und in den neuen Bundesländern bei 79%. (Gensicke 2006: 203ff)

Es stufen sich 49% der befragten Jugendlichen als religiös ein. Jugendliche sind glaubensunsicherer und glaubensferner als andere Bevölkerungsgruppen. Die Religion erhält vor allem bei muslimischen Jugendlichen durch die Migration eine *„ besondere Kultur tragende und die Migrantenmilieus integrierende Funktion"* (Ebd.: 222). Bei diesen stark integrierten Milieus besteht die Gefahr der Isolation gegenüber der deutschen Kultur. Betrachtet man die Zielgruppe der 15. Shell Jugendstudie, stammen 54% der Befragten mit Migrationshintergrund aus `sehr religiösen´ oder `religiösen´ Elternhäusern. Bei den Deutschen in Westdeutschland sind es lediglich 28%. Die Prozentzahl bei den muslimischen Jugendlichen liegt mit 73% weitaus höher. (Ebd.: 208ff)

Gottesgläubige Jugendliche, unter denen sich viele muslimische Jugendliche befinden, haben in einigen Punkten intensive Wertsetzungen. Dies rührt daher, dass zu ihrer Wertequelle nicht nur die Familie und die Peergroup zählen, sondern auch die Religion. Generell ist festzuhalten, dass gottesgläubige Jugendliche mit Migrationshintergrund erheblich traditionsbewusster sind als Jugendliche in Westdeutschland. (Ebd.: 235f)

Stiftung Zentrum für Türkeistudien (2006) – `Islam in Deutschland. Einstellungen der türkischstämmigen Muslime´

Die STIFTUNG ZENTRUM FÜR TÜRKEISTUDIEN befragte türkischstämmige Muslime ab 18 Jahre in der Bundesrepublik bezüglich deren religiösen Identität. Dabei stellte sie fest, dass die Religiosität der in Deutschland lebenden türkischen Muslimen zunimmt. Circa ein Viertel der Befragten hält sich im Jahr 2005 für sehr religiös. 55,2% bezeichnet sich als eher religiös und 11% als eher nicht religiös. Lediglich 5,8% der Befragten ist nicht religiös. Im Vergleich dazu lag der Anteil der sehr religiösen TürkInnen im Jahr 2000 bei 7,6%, der eher religiösen bei 64,6%, der eher nicht religiösen bei 24,5% und der nicht religiösen bei 3,3%. Über die Ursache für die Zunahme der Religiosität kann nur spekuliert werden. Untersuchungen der STIFTUNG ZENTRUM FÜR TÜRKEISTUDIEN ergaben allerdings, dass sich die MigrantInnen aus der Türkei in Deutschland nach dem Attentat am 11. September 2001 intensiver mit dem Islam auseinandergesetzt und damit identifiziert haben. Die Gründe liegen in der veränderten Situation des Zusammenlebens zwischen Muslimen und Deutschen und den aus dem Attentat resultierenden Diskussionen, die in Deutschland aufkamen. (Stiftung Zentrum für Türkeistudien 2006: 20)

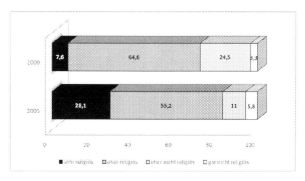

Abbildung 1: Subjektiver Grad der Religiosität im Vergleich 2000 und 2005
(Prozentwerte)
(Stiftung Zentrum für Türkeistudien 2006: 20)

Ein Vergleich der Religiosität mit den soziodemografischen Daten ergab, dass sich Frauen als religiöser bezeichnen als Männer. Im Alter nimmt die Religiosität zu, wobei zu beachten ist, dass sich im Alter zwischen 18 und 30 Jahren bereits 79,7% der befragten TürkInnen als sehr und eher religiös bezeichnen. Generell steht die Religiosität nach dieser Studie nicht in Verbindung mit der Aufenthaltsdauer. Dennoch ist bei jungen TürkInnen festzustellen, dass mit steigendem Aufenthalt in Deutschland die Religiosität leicht abnimmt. (Ebd.: 21ff)

Die türkischen Muslime in Deutschland sehen das Leben in der Diaspora⁵ als unterschiedlich große Herausforderung an. Drei Viertel der türkischen Muslime sehen keine bzw. kaum Probleme darin als Muslim in Deutschland zu leben. Lediglich 17% der Befragten haben damit Probleme. Vergleicht man das Problemempfinden der TürkInnen mit dem Grad der Religiosität, so ist festzustellen, dass die religiöseren TürkInnen weniger Probleme haben. (Ebd.: 67f)

Halit Öztürk (2007) – `Wege zur Integration. Lebenswelten muslimischer Jugendlicher in Deutschland´

ÖZTÜRK interviewte für seine Untersuchung vor allem bildungsnahe Muslime aus Berlin im Alter zwischen 16 und 25 Jahren. Er untersuchte die Bedeutung der Religion für muslimische Jugendliche und die Auswirkung auf ihre Integration.

Der Autor kam zum Ergebnis, dass der Glaube muslimischer Jugendlicher unabhängig von der Häufigkeit der Moschee Besuche ist. Die Anerkennung der muslimischen Pflichten war bei allen Befragten, ob mit oder ohne regelmäßigen Besuchen der Moschee, gegeben. Jedoch kommen sie ihren Pflichten unregelmäßig nach. Das regelmäßige Beten wird im Schnitt weniger praktiziert als das Fasten im Ramadan. (Öztürk 2007: 223ff)

Der Islam stellt für die befragten Jugendlichen einen wichtigen Zufluchtsort dar. Durch Gebete, vor allem Bittgebete, bekommt ihre religiöse Seite für sie in Notlagen eine besondere Bedeutung. Die islamischen Pflichten stellen eine Stütze für die Jugendlichen dar. Sie schätzen ihr Wissen über den Islam als zu gering ein. Sie kritisieren keine ausreichende Information und Unterrichtung über die Religion erhalten zu haben. Auch die religiöse Erziehung und Bildung der Eltern wird als zu oberflächlich angesehen. Daher wünschen sie sich Weiterbildungsmöglichkeiten um sich intensiver mit dem Islam auseinandersetzen zu können und ihr Wissen zu vertiefen, da auch die deutschen Medien den Islam nicht ausreichend darstellen. (Öztürk 2007: 223ff)

Die muslimischen Jugendlichen sehen es als wichtig an, ihren Kindern einmal eine religiöse Erziehung und Bildung zukommen zu lassen, da sie selbst Halt in der Religion gefunden haben, dies weitergeben möchten und in ihrer eigenen Erziehung vermisst haben. Die Ehe zwischen muslimischen und nicht muslimischen PartnerInnen lehnen die Befragten zwar nicht ab, sehen sie allerdings, aufgrund der unterschiedlichen Einstellungen, als schwierig an. (Ebd.)

---

⁵ Diaspora bezeichnet ein Gebiet, in dem eine religiöse Minderheit lebt bzw. die konfessionelle Minderheit selbst. (Wissen Media Verlag)

Im Zusammenhang mit der Integration muslimischer Jugendlicher sieht ÖZTÜRK kein Hindernis. Religiosität und Integration schließen sich nicht aus, sondern fördern sich gegenseitig, da die Zugehörigkeit zum Islam für die Jugendlichen ein Bestandteil ihrer Identität ist. Der Autor der Studie hält die Religiosität als förderlich für die Integration. ÖZTÜRK kommt am Ende seiner Studie zu folgendem Ergebnis:

> *„Folglich gehen der Islam und ein aufgeklärtes Leben nach islamischem Duktus mit einer erfolgreichen Integration Hand in Hand einher."* (Öztürk 2007: 256)

Bertelsmann Stiftung (2008) – `Religionsmonitor 2008. Muslimische Religiosität in Deutschland´

Der Religionsmonitor interviewte 21.000 Menschen aus 21 Ländern. In Deutschland wurden 2.007 Personen ab 18 Jahren befragt. Davon hatten 67% einen türkischen Migrationshintergrund. Die Schwerpunkte der Untersuchung waren das Interesse an religiösen Themen, der Glaube an Gott oder etwas Göttliches, die öffentliche und private religiöse Praxis, religiöse Erfahrungen und die allgemeine Alltagsrelevanz der Religion. (Heine et al. 2008: 28)

Mehr als zwei Drittel der Schiiten (65%) und Sunniten (73%) wurden religiös erzogen. Bei den Aleviten beläuft sich die Zahl lediglich auf 27%. Es scheint einen Zusammenhang zwischen der Glaubensgemeinschaft und der Wahrnehmung der eigenen religiösen Erziehung zu geben. Dies zeigt, dass ebenso eine Verknüpfung zwischen der Erziehung und der Zentralität von Religiosität vorhanden ist. 81% der Hochreligiösen haben eine religiöse Erziehung erhalten, bei den Nichtreligiösen gaben 79% an keine erfahren zu haben. (Ebd.)

Besonders für Sunniten ist die Einhaltung religiöser Vorschriften und Rituale von großer Bedeutung. So halten z.b. 73% aller befragten Sunniten es für wichtig, sich an Speisevorschriften zu halten, wohingegen nur 53% der Schiiten und 39% der Aleviten diesen eine hohe Bedeutung zukommen lassen. Kleidervorschriften sind für Muslime in allen drei religiösen Ausrichtungen ähnlich wichtig: 28% der Schiiten, 40% der Sunniten und 26% der Aleviten. Trotzdem gibt es einige Unterschiede. Bei der Frage nach dem Tragen des Kopftuches z.B., legen ein Drittel der Sunniten, ein Viertel der Schiiten und 6% der Aleviten Wert darauf. (Ebd.)

In der Untersuchung der BERTELSMANN STIFTUNG wurde ebenfalls die Religiosität nach Altersgruppen untersucht. Hierbei konnte festgestellt werden, dass sowohl unter den Deutschen als auch unter den Muslimen die Religiosität der Jugendlichen ansteigt. Besonders die jungen, in Deutschland geborenen Muslime, spielen eine erhebliche Rolle in dem Veränderungsprozess der Muslime. Im folgenden Schaubild ist die Religiosität der Muslime in Deutschland nach Alter abzulesen. Diese wurde im Verhältnis zu der allgemeinen Gläubigkeit in Deutschland gesetzt. Mit 41% der muslimischen Jugendlichen zwischen 18 und 29 Jahren nimmt diese Gruppe den Hauptanteil der Personen mit hoher religiöser Ausprägung ein. Im Vergleich dazu liegt die Religiosität in Deutschland in derselben Altersgruppe bei 14%. Bei der gesamten deutschen Bevölkerung ist zu beobachten, dass die Religiosität im Alter zunimmt. Diese Ergebnisse entsprechen den Untersuchungen der Stiftung Zentrum für Türkeistudien im Jahr 2006. (Blume 2008: 44ff)

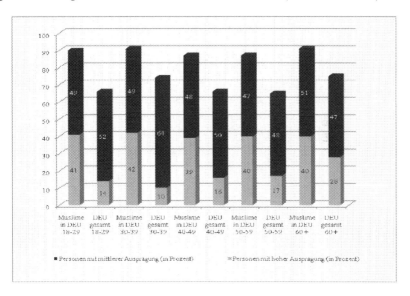

Abbildung 2: Zentralität der Religiosität im Vergleich der Generationen
(Blume 2008: 44)

Immer häufiger sind jüngere Muslime vor die Aufgabe gestellt, ihre eigene Identität und Zugehörigkeit zwischen Herkunftsland und Deutschland zu definieren. Dabei nimmt die Religion eine zentrale Bedeutung ein. Zudem werden, vor allem seit dem Attentat am 11. September 2001, bereits muslimische Grundschüler auf den Islam angesprochen und müssen dazu Fragen beantworten. Zum Teil drängt sie dies in eine Verteidigungshaltung. (Ebd.)

In Anbetracht der Ergebnisse der Bertelsmann Stiftung weißt Prof. Barbara JOHN, die Vorsitzende der Wohlfahrtsverbände, darauf hin, dass religiös sein und dies auch zu zeigen, von vielen Deutschen als rückständig gesehen wird. JOHN fordert daher von allen öffentlichen Einrichtungen, insbesondere von der Schule, einen sensiblen Umgang mit diesem Thema. Denn sie sieht folgende Gefahr:

„Wenn religiöse Einwanderer gleich das Gefühl haben, zurückgewiesen zu werden, werden sie sich schwertun, sich mit dieser Gesellschaft zu identifizieren. Im Gegenteil: Sie werden sich in die eigene Gruppe zurückziehen. Das wird dann von der Mehrheitsgesellschaft als `integrationsunwillig´ beklagt." (John 2008: 74f)

Ergänzend zu den bereits vorgestellten Studien über die Bedeutung der Religion für muslimischen Jugendlichen sollen folgende Überlegungen von FREISE und SAUER angemerkt werden. Nach FREISE wird Religion heute oftmals als Chance der Beheimatung in der Fremde gesehen. In diesem Zusammenhang wird in der Literatur häufig von der `portablen Heimat´ gesprochen. MigrantInnen leben ihren Glauben intensiver aus als z.b. deutsche Christen. Viele Jugendliche distanzieren sich von dem Islam ihrer Eltern und verfolgen meist strengere islamische Regeln. (Starke-Uekermann 2007: o.S.)

Die Soziologin Martina SAUER stellte in einer Studie im Jahr 2000 fest, dass es bei MigrantInnen aus der Türkei einen linearen Zusammenhang zwischen Einkommen und Werteorientierung gibt. Je niedriger das Einkommen, desto traditioneller ist die Einstellung der MigrantInnen. Die zweite und dritte Generation übernehmen weitestgehend die Werteorientierung der Eltern. Dabei warnt die Autorin vor der Vorstellung, dass mit der Länge des Aufenthalts in Deutschland eine Angleichung der Werteorientierung an die Mehrheitsgesellschaft erfolgt. Dennoch ist festzuhalten, dass die eher konservative Einstellung türkischer Familien in Deutschland aus der Besonderheit der Situation in der Fremde resultiert. (Gottschlich et al. 2005: 52ff)

Zusammengefasst kann festgehalten werden, dass die Religion für muslimische Jugendliche in der Regel eine hohe Bedeutung hat und die Religiosität in den letzten Jahren zugenommen hat. Die Religion nimmt für Jugendliche mit türkischem Migrationshintergrund allerdings unterschiedliche Funktionen ein. Dies ist abhängig von ihrer derzeitigen Lebenssituation. Religion hilft den Jugendlichen dabei eine Balance zwischen den Traditionen der Türkei und der Moderne Deutschlands zu bekommen und ihre Identität zu entwickeln.

2 JUGENDBERUFSHILFE UND MIGRATION

Wie im Abschnitt 1 bereits dargestellt, ist die Biographie türkischer Jugendlicher mit einigen Problemen behaftet. Hierzu gehört u.a. die schulische Situation mit ihren Auswirkungen auf die Ausbildungs- und Berufschancen. Daher nehmen Jugendliche mit türkischem Migrationshintergrund an Maßnahmen der Jugendberufshilfe teil.

Begriffe wie Jugendsozialarbeit, arbeitsweltbezogene Jugendsozialarbeit und berufsbezogene Jugendhilfe werden häufig synonym für die Jugendberufshilfe verwendet. Dies führt zu Verwirrungen in der Thematisierung der Jugendberufshilfe, da keine Klarheit besteht. Der Begriff Jugendberufshilfe wird in keiner rechtlichen Grundlage näher definiert. Er stellt einen Oberbegriff für eine Vielzahl an Aktivitäten dar, deren Inhalte sich auf Berufsvorbereitung, Ausbildung benachteiligter Jugendlicher, Qualifizierung oder Weiterbildung beziehen. (Fülbier 2002: 763) FÜLBIER definiert Jugendberufshilfe wie folgt:

„Die Jugendberufshilfe umfasst Hilfen, Maßnahmen und Projekte, die jungen Menschen beim Übergang von der Schule in die Berufsausbildung und beim Übergang von der Ausbildung in [die] Berufstätigkeit bzw. in [die] Arbeit behilflich sind. Ferner gehören beschäftigungswirksame Maßnahmen und qualifizierende Beschäftigungsprojekte für noch nicht qualifizierte junge Menschen, für die eine Berufsausbildung nicht (mehr) in Frage kommt, zum Handlungsfeld. " (Fülbier 2001: 486)

2.1 Aufgabe und Maßnahmen der Jugendberufshilfe

Die unterschiedlichen Maßnahmen der Jugendberufshilfe haben zwei verschiedene Ursprünge. (Kutscha o.J.: 2) Dies sind die Jugendhilfe und die Arbeitsförderung. Heute ist die Struktur der Jugendberufshilfe dreigliedrig gestaltet. Die Maßnahmen differenzieren sich in *„arbeitsmarktbezogene Förderung, Förderung der schulischen Bildung und Ausbildung und Förderung durch die Jugendhilfe"* (Thoring 2005: 562). In der Jugendhilfe ist die Jugendberufshilfe ein Teilbereich der Jugendsozialarbeit. Den größten Anteil der Maßnahmen macht die arbeitsmarktbezogene Förderung aus.

Die Jugendberufshilfe setzt zwei Schwerpunkte für Jugendliche, die die Schulpflicht beendet haben und zu Beginn der Berufsschulpflicht noch keinen Ausbildungsplatz haben. Diese sind Berufsvorbereitung oder Ausbildung benachteiligter

Jugendlicher und Qualifizierung oder Weiterbildung. (Fülbier 2002: 763) Die Jugendlichen sollen durch verschiedene Maßnahmen die Möglichkeit erhalten, eine Berufsausbildung zu absolvieren und in den Arbeitsmarkt eingegliedert zu werden. Wichtige Ziele und Inhalte sind dabei die abschlussbezogene Ausbildung, die sozialpädagogische Orientierung, die individuelle Förderung, die Teamarbeit, die Betriebsnähe und die Kooperation mit Berufsschulen und Betrieben. (BMBF 2005: 59f)

Die Berufsvorbereitung nimmt in der Jugendberufshilfe den größten Raum ein. Das Ziel der *berufsvorbereitenden Bildungsmaßnahmen (BvB)* ist es, einen Zugang zur Ausbildung oder Arbeit für Jugendliche und junge Erwachsene zu ermöglichen. Im Mittelpunkt der Förderung stehen die einzelnen Fähigkeiten der TeilnehmerInnen. Diese Personenorientierung setzt sich aus unterschiedlichen Elementen zusammen: Durch die Individualisierung wird das breit gefächerte Angebot der Jugendberufshilfe auf individuelle Fähigkeiten, den derzeitigen Lebensstand und auf den Bedarf des Arbeitsmarktes abgestimmt. (BMBF 2008: 221)

Ein zweites Element der BvB stellt die Eignungsanalyse und Qualifizierungsplanung dar. Hierbei werden die fachlichen, methodischen, sozialen und persönlichen Fähigkeiten der Jugendlichen erfasst. Ein weiterer wichtiger Aspekt der Berufsvorbereitung ist die Flexibilität und Durchlässigkeit der Angebote. Die TeilnehmerInnen müssen die Möglichkeit haben jeder Zeit ein- bzw. umsteigen zu können. Der Bildungs- und Qualifizierungsprozess muss begleitet und Absprachen mit den MitarbeiterInnen der Bundesagentur für Arbeit getroffen werden. Damit die Maßnahmen ihr Ziel erreichen, findet eine Verzahnung mit bestehenden Ausbildungsordnungen statt. (Ebd.)

Ein weiteres Element des Förderkonzeptes sind die Förder- und Qualifizierungssequenzen. Die Jugendlichen sollen gezielt auf eine Berufsausbildung vorbereitet werden. Die Förderung beruflicher Handlungskompetenzen baut Defizite ab und unterstützt die Entwicklung der Schlüsselkompetenzen. Der letzte Aspekt der Personenorientierung ist die sozialpädagogische Begleitung. SozialarbeiterInnen und SozialpädagogInnen dienen in den Maßnahmen als AnsprechpartnerInnen in Krisensituationen. (Ebd.) Die sozialpädagogische Berufsorientierung hat sich seit ihrer Einführung bewährt. (BMBF 2005: 59) Auf die Bedeutung der Sozialen Arbeit wird in Abschnitt 2.4 näher eingegangen.

Alle berufsvorbereitenden Maßnahmen dienen als Brücke zwischen Bildungs- und Ausbildungssystem. Dadurch wirken sie Ausbildungslosigkeit entgegen. Eine weitere Aufgabe der Maßnahmen ist die Verhinderung von Ausbildungsabbrüchen bzw. das Auffangen der jungen Menschen, die ihre Ausbildung abgebrochen haben. (Ebd.: 33)

Im Rahmen der Berufsausbildung benachteiligter Jugendlicher gibt es drei verschiedene Maßnahmen. Dies sind die Berufsausbildung in einer außerbetrieblichen Einrichtung (BaE), die Ausbildungsbegleitende Hilfen (abH) und die Übergangshilfen (Üh). (Hampel 2001: 302f)

Im schulischen Bereich ist, im Zusammenhang mit der Berufsvorbereitung, vor allem das *Berufsvorbereitungsjahr (BVJ)* von hoher Bedeutung. Des Weiteren gehören das *Berufsgrundbildungsjahr (BGJ)* und das *Berufseinstiegsjahr (BEJ)* dazu. Die Teilnahme an den Maßnahmen hängt von den schulischen Leistungen ab. Das BVJ ist in der Regel in den Berufsschulen angesiedelt. Die Inhalte liegen in der Vermittlung von Fachpraxis und Fachtheorie in verschiedenen beruflichen Feldern sowie Allgemeinbildung. Aufgrund der föderalen Strukturierung ist das BVJ in den einzelnen Bundesländern unterschiedlich strukturiert. In Baden-Württemberg sind z.b. alle AbgängerInnen der Hauptschule verpflichtet dieses zu absolvieren, wenn sie keinen Ausbildungsplatz gefunden haben. Das Ziel der Maßnahme im schulischen Bereich ist das Erlangen der Ausbildungsreife. Das BVJ ist nicht unumstritten. Kritiker halten es für negativ, dass die Jugendlichen beschult werden. Zudem sei die Didaktik und Methodik nicht auf den Förderbedarf der Zielgruppe abgestimmt. (BMBF 2005: 52f)

2.2 Zielgruppe der Jugendberufshilfe

Zur Zielgruppe gehören junge Menschen, welche die allgemeinbildende Schule verlassen und beim Übergang ins Berufsleben Schwierigkeiten haben. (Hampel 2006: 30f) In den einzelnen Gesetzen wird die Zielgruppe unterschiedlich definiert. So sind nach Sozialgesetzbuch III (SGB III) (§ 242 Abs. 1) *„lernbeeinträchtigte und sozial benachteiligte Auszubildende, die wegen der in ihrer Person liegenden Gründe ohne die Förderung eine Berufsausbildung nicht beginnen, fortsetzen oder erfolgreich beenden können",* förderungsbedürftig. (Bundesministerium der Justiz 2009: o.s.) Gemäß § 13 SGB VIII zählen junge Menschen, die *„zum Ausgleich sozialer Benachteiligungen oder zur Überwindung individueller Beeinträchtigungen in erhöhtem Maße auf Unterstützung angewiesen sind"* zur Zielgruppe. (Bundesministerium der Justiz 2008b: o.s.)

Die Probleme der Zielgruppe wurden in eine Untersuchung der BUNDESAGENTUR FÜR ARBEIT und des BUNDESINSTITUTS FÜR BERUFSBILDUNG im Jahr 2004 betrachtet. Sie kamen zu dem Ergebnis, dass sich die Benachteiligung von jungen Menschen aufgrund negativer Zusammenwirkungen der äußeren Rahmenbedingungen des Berufsbildungs- und Beschäftigungssystems und individueller Voraussetzungen ergibt. Zu den äußeren Rahmenbedingungen zählen die Voraussetzungen des regionalen Arbeitsmarktes, das vorherrschende Schulsystem in Deutschland und die damit entstehenden Abstimmungsprobleme im Übergang vom Bildungs- ins Beschäftigungssystem. Mehrere Studien kritisieren, dass die Schule nicht in der Lage ist, ihre Erziehungs- und Bildungsaufgabe zu erfüllen. Beim Übergang ins Berufsleben stellt sich heraus, dass viele Jugendliche nicht für das Berufsleben vorbereitet und ein Mangel an bestimmten Kompetenzen vorhanden ist. (BMBF 2005: 12ff)

Individuelle Voraussetzungen können die Benachteiligung verstärken. Hierbei spielt vor allem die soziale Herkunft eine große Rolle. Viele Eltern der benachteiligten Jugendlichen haben eine unterdurchschnittliche berufliche Stellung. Die Kinder rutschen häufig durch unterschiedliche Ursachen in ähnliche Situationen. Ein weiterer Grund für die Benachteiligung liegt in der Häufung an problematischen Situationen in den Familien. Diese äußern sich in Arbeitslosigkeit, Gewalt, Sucht, etc. Die soziale Herkunft zeigt sich auch in der Sprache oder im Verhalten der Jugendlichen. Diese Auswirkungen beeinflussen die Berufsorientierung negativ. Zu den individuellen Voraussetzungen gehört zudem die schulische Vorbildung. Die Anforderungen auf dem Ausbildungsmarkt sind erheblich gestiegen. Aufgrund dieser Entwicklung hat der Hauptschulabschluss heute nicht mehr dieselbe Wertigkeit wie früher. Viele der benachteiligten Jugendlichen haben die Hauptschule absolviert. Dies bedeutet für sie daher eine weitere Zugangshürde auf dem Ausbildungsmarkt. Auch das Geschlecht kann ein Faktor für die Benachteiligung darstellen. Die Rollenzuweisung, dass Mädchen neben dem Beruf auch für die Familie zuständig sind, verschlechtert ihre Ausgangssituation auf dem Arbeitsmarkt. (Ebd.: 14ff)

Der letzte, und für die vorliegende Arbeit bedeutendste Aspekt, ist die Nationalität. Bereits die PISA STUDIEN stellten fest, dass junge Menschen mit Migrationshintergrund vermehrt zur Zielgruppe der beruflichen Integrationsförderung gehören. Für MigrantInnen existieren unterschiedliche Barrieren. Hierzu zählen der Mangel an Förderung der Zweisprachigkeit, negative Erfahrungen mit deutschen Behörden, ungleiche Zugangsmöglichkeiten zu betrieblichen Ausbildungsplätzen, unterschiedliche Informationsstände über die Berufsorientierung durch mangelndes Informationsmaterial in den fremden Sprachen und fehlende Materialien zur kultursensiblen Verbindung zwischen Herkunftskultur und deutscher Kultur. Außerdem sind die betrieblichen Einstellungstests auf deutsche Jugendliche ausgerichtet. Mädchen mit Migrationshintergrund sind aufgrund ihres Geschlechts und ihrer Nationalität doppelt benachteiligt. (BMBF 2005: 15f) Auch der DATENREPORT 2008 ergab, dass Geschlecht, Alter, Region und Bildungsstand die wichtigen Faktoren für einen erfolgreichen Einstieg in die Erwerbsarbeit darstellen. Neben Frauen, AusländerInnen und Schwerbehinderten sind Jugendliche die größte Problemgruppe auf dem Arbeitsmarkt. (Wingerter 2008: 114)

Die 15. SHELL JUGENDSTUDIE zeigte auf, dass bei Jugendlichen zwischen 12 und 25 Jahren eine erhöhte Angst vor Arbeitslosigkeit besteht. In Anbetracht der derzeitigen Entwicklungen auf dem Arbeitsmarkt, ist diese berechtigt, zumal die Arbeitslosigkeit im Jugendalter die Weichen für das weitere Leben stellt. (Langness et al. 2006: 75) Dies zeigt die Bedeutung der Jugendberufshilfe.

Die Zielgruppe der Jugendberufshilfe hat in der Regel schwierige schulische und soziale Entwicklungsverläufe, welche sich im Alltag der Jugendberufshilfe bemerkbar machen. Das Fehlen von Basiskompetenzen wie die Sprache oder das Rechnen und fehlendes Sozialverhalten sind hierbei nicht nur bei SchülerInnen mit Migrationshintergrund vorzufinden. Weiterhin leiden viele SchülerInnen an geringer Konzentrationsfähigkeit. Dies geht meist auch mit einer geringen Belastbarkeit einher. Aufgrund einer Vielzahl an schwierigen Entwicklungsverläufen fehlt es der Zielgruppe häufig an Selbstbewusstsein und Selbstwertgefühl. (Goltz 2008: 44f)

2.3 Jugendberufshilfe mit MigrantInnen

In der Literatur zur Jugendberufshilfe stößt man auf das Thema Migration vor allem in Verbindung mit Jugendhilfe und Jugendsozialarbeit. In den anderen Bereichen der Jugendberufshilfe scheint es bisher kaum Erfahrungen mit MigrantInnen zu geben. Daher bezieht sich der folgende Unterabschnitt hauptsächlich auf die Maßnahmen der Jugendberufshilfe nach der Jugendhilfe.

Zugewanderte Jugendliche waren schon immer Zielgruppe der Jugendsozialarbeit und damit auch der Jugendberufshilfe. SCHNAPPKA definiert den Leitsatz für die Jugendhilfe allgemein: *„Jeder junge Mensch hat ein Recht auf Jugendhilfe, und es kann und darf keine Spezialgrenzen für Ausländer in Deutschland geben."* (Schnappka zitiert in Mies-van Engelshoven 2001: 620) Die Integration der zugewanderten Jugendlichen in die Gesellschaft ist vor allem Aufgabe der Schule und der Eltern. Die Jugendsozialarbeit tritt dabei unterstützend ein und stellt einen eigenständigen Ansatz dar, in dem die Bedürfnisse der zugewanderten Jugendlichen berücksichtigt werden. (Mies-van Engelshoven 2001: 621)

GRANATO et al. erstellten einen Katalog mit bestimmten Aspekten, welche in den Maßnahmen für Jugendliche mit Migrationshintergrund in Bezug auf die berufliche Integration berücksichtigt werden müssen:

- Zielgruppen- und geschlechtsgerechte sprachliche und fachliche Fördermaßnahmen
- Mädchenspezifische Beratungsangebote
- Interkulturell ausgerichtetes Lehrmaterial und Fachpersonal
- Förderung der interkulturellen und bilingualen Kompetenz
- Umfassende Informations- und Beratungsangebote
- Zusammenarbeit und Kooperation mit Schulen, Betrieben und anderen Einrichtungen für MigrantInnen
- Multikulturelle Zusammensetzung des Teams
- Einflussnahme zur Verbesserung der beruflichen Bildungsmaßnahmen
- Niedrigschwellige Angebote (Mies-van Engelshoven 2001: 627f)

Die Teilnahme von Jugendlichen mit Migrationshintergrund an Maßnahmen der Jugendsozialarbeit ist, gemessen an dem Bedarf, der aufgrund ihrer Bildungssituation besteht (vgl.: 1.2), relativ gering. (Boos-Nünning 2001: 841f) Spezifische Angebote wie die Jugendberufshilfe werden von Jugendlichen mit Migrationshintergrund hingegen in einem erheblich höheren Maße in Anspruch genommen. (Boos-Nünning 2006: 214)

BOOS-NÜNNING fordert zu einem Perspektivenwechsel in der Jugendberufshilfe auf. Sie weist darauf hin, dass Jugendliche mit Migrationshintergrund die Möglichkeit haben müssen, ihre Sozialisation zu thematisieren und sich gegen Stereotypisierungen zu wehren. Jugendliche ausländischer und deutscher Herkunft sowie Fachkräfte der Sozialen Arbeit sollen voneinander lernen können. Dies ist allerdings nur möglich, wenn Jugendliche mit Migrationshintergrund *„als Menschen, die besondere sprachliche und kulturelle Kompetenzen einbringen, die für [...]eine immer mehr auf grenzüberschreitende Kommunikation angewiesene Welt zukunftsweisend und beispielgebend sind oder sein könnten"* (Boos-Nünning 2001: 843) gesehen werden. Hierfür ist die Qualifizierung des Personals durch Fortbildungen unabdingbar. (Ebd.: 843ff)

In der Jugendhilfe wurden Jugendliche mit Migrationshintergrund lange Zeit als Problemgruppe betrachtet. Dies ist angesichts der heutigen Leitlinien wie Empowerment oder Ressourcenorientierung nicht mehr angebracht. Die Arbeit mit MigrantInnen darf sich nicht mehr an Defiziten orientieren, sondern muss die Stärken und Interessen der Jugendlichen in den Blick nehmen. (SPI 2002: 4) Nach Meinung der Verfasserin kann dieser Ansatz auf alle Angebote der Jugendberufshilfe übertragen werden, da die Orientierung an den Individuen eine zentrale Aufgabe der Jugendberufshilfe darstellt.

2.4 Die Rolle der Sozialen Arbeit in der Jugendberufshilfe

Das Förderkonzept von Jugendlichen in der Jugendberufshilfe besteht aus vier Säulen: Fachpraxis, Lernunterstützung, sozialpädagogische Begleitung sowie Übergangs- und Integrationsbegleitung.

Dabei ist es Aufgabe der Fachkräfte der Sozialen Arbeit die Persönlichkeitsentwicklung der Jugendlichen zu fördern und sie bei der Bewältigung von schwierigen Situationen und Problemen im persönlichen wie im sozialen Bereich zu unterstützen. Hierfür müssen die Lebenswelt und das Umfeld der Jugendlichen in die Arbeit einbezogen werden. (BMBF 2005: 105) Die Soziale Arbeit soll dazu beitragen, dass das Umfeld der Jugendlichen so gestaltet wird, dass Lernprozesse ermöglicht werden. Andere wichtige Aspekte, welche die Fachkräfte in ihrer Tätigkeit berücksichtigen, sind die Arbeitsmotivation, das Lernverhalten und die Frustrationstoleranz. (Stuckstätte 2001: 52)

Die Bedeutung der berufsübergreifenden Befähigung nimmt stetig zu. Personale und soziale Kompetenzen stehen vermehrt im Mittelpunkt der Ausbildung. Um die Jugendlichen ganzheitlich ausbilden zu können und damit eine berufliche Qualifikation erfolgen kann, ist die Soziale Arbeit hilfreich. (BMBF 2005: 106f) Die Bundesanstalt für Arbeit definierte die Aufgabe der Sozialarbeit/Sozialpädagogik in der Jugendberufshilfe wie folgt:

> *„Schwerpunkt der Aufgaben der Sozialpädagogen [liegt] auf der Ebene der Vermittlung zwischen psychosozialen Entwicklungsbedingungen der Auszubildenden und den Anforderungen einer (außer)betrieblichen Ausbildung sowie in der Förderung der Persönlichkeitsentwicklung der Auszubildenden"* (Bundesanstalt für Arbeit zitiert in BMBF 2005: 107).

Frau Prof. Dr. ENGRUBER von der Fachhochschule in Düsseldorf konkretisiert diese Aufgaben. Für sie haben SozialarbeiterInnen und SozialpädagogInnen mit vielen Aspekten zu tun. Zum einen bestehen ihre Aufgaben darin Ausbildende und Lehrende darauf aufmerksam zu machen sozialpädagogische Denk- und Handlungsmuster in ihre Arbeit zu integrieren. Hinzu kommt die sozialpädagogische Beratung und Förderung der Jugendlichen, die Arbeit mit den Eltern und die Kontaktaufnahme sowie Zusammenarbeit mit Betrieben. Fachkräfte der Sozialen Arbeit benötigen daher ein Netz an Kommunikationsbeziehungen. (BMBF 2005: 107)

Daher sollten Fachkräfte der Sozialen Arbeit nach ENGRUBER in der Lage sein die psychosoziale Entwicklung der Jugendlichen bei der Betrachtung der Lernprozesse zu berücksichtigen und davon ausgehend Methoden vorzuschlagen um diesen Aspekt zu fördern. Hierbei nimmt der Begriff Schlüsselkompetenz eine wichtige Bedeutung ein, welche die Jugendlichen lernen sollten. Um moderierend und begleitend den Jugendlichen zur Seite zu stehen, müssen sich Fachkräfte mit der gesamten Lebenssituation der Jugendlichen auseinandersetzen. Dann ist es ihnen möglich einen Beitrag dazu zu leisten den Ausbildungsprozess individuell zu gestalteten. (BMBF 2005: 107)

Die Rolle der SozialarbeiterInnen/SozialpädagogInnen in der Jugendberufshilfe lässt sich in Informationsrolle, Förderungsrolle, Rolle des Krisenmanagements und Beratungsrolle zusammenfassen. Die Soziale Arbeit entwickelte eigene Angebote, die sozialpädagogische Methoden und Ansätze integrieren. (Ebd.)

Aufgrund der gesetzlichen Veränderungen entsteht ein Wettbewerb zwischen den Anbietern der Jugendberufshilfe. Die angebotenen Konzepte müssen betriebswirtschaftlich sein. Dadurch treten die sozialpädagogischen Konzepte in den Hintergrund. Die neueren Beschreibungen der Bundesagentur für Arbeit über die Rolle der Sozialen Arbeit in der Jugendberufshilfe sind deutlich vager formuliert als zuvor. Ihre Rolle wird als Bildungsbegleitung gesehen, wobei der gekürzte Personalschlüssel zu berücksichtigen ist. (Ebd.: 108)

In Bezug auf die Arbeit mit MigrantInnen ist zu beachten, dass die Maßnahmen der Jugendsozialarbeit zum Ziel haben die Jugendlichen zu unterstützen und dabei ihre soziokulturelle Identität zu bewahren und zu fördern. Die Aufgabe der Maßnahmen und damit der Fachkräfte der Sozialen Arbeit ist unter anderem die Förderung der interkulturellen Kompetenz. (Mies-van Engelshoven 2001: 620)

Für den Umgang mit muslimischen Jugendlichen empfiehlt TIBI: *„Die Jugendlichen müssen das Gefühl haben, dass sie in Europa zu Hause sind. Dass sie Europäer islamischen Glaubens sind. Dass ihr Glaube respektiert wird. Das geht nicht von heute auf morgen, aber man muss in diese Richtung arbeiten und im Kleinen beginnen"* (Tibi in Schönlebe, 2004: 8). Das Verhältnis zwischen deutschen und türkischen Jugendlichen ist nicht immer einfach. Sie suchen zwar häufig die Freundschaften, Eltern oder LehrerInnen der Moscheen verbieten sie ihnen aber, so dass die Freundschaften im Geheimen bestehen. Demnach existieren Gegenkräfte, die eine Integration verhindern wollen. (Schönlebe 2004: 6ff)

Es stellt sich nun die Frage wie Fachkräfte der Sozialen Arbeit in der Jugendberufshilfe, angesichts der komplexen Situation, in der Jugendliche mit türkischem Migrationshintergrund leben, ihnen dieses Gefühl der Heimat geben können. Weiterhin ist zu prüfen, ob, angesichts der zunehmenden Bedeutung des Islam für Jugendliche mit türkischem Migrationshintergrund, in den Maßnahmen der Jugendberufshilfe intensiver auf die muslimische Religion eingegangen werden müsste.

3 DER ANSATZ DES INTERRELIGIÖSEN DIALOGS

Durch die vorherrschende Globalisierung sind Religionen nicht mehr geografisch getrennt, sondern vermischen sich. Auch in Deutschland herrscht eine Multireligiosität vor. In der Jugendberufshilfe treffen Christen, Muslime und Jugendliche anderer Religionen aufeinander. Vor allem für muslimische Jugendliche nimmt deren Religion eine bedeutende Stellung ein. Es stellt sich nun die Frage, wie Fachkräfte der Sozialen Arbeit in der Jugendberufshilfe mit dieser Situation umgehen können.

Die vorliegende Arbeit versucht den Ansatz des interreligiösen Dialogs im Umgang mit Jugendlichen mit türkischem Migrationshintergrund anzuwenden, um gezielter auf sie eingehen zu können. Dabei geht es nicht darum einen Dialog zwischen SozialarbeiterInnen/SozialpädagogInnen und Jugendlichen über die Religion zu führen, da nicht davon auszugehen ist, dass jede Fachkraft der Sozialen Arbeit ein gläubiger Christ ist. Dennoch soll dieser Ansatz wichtige Aspekte berücksichtigen, durch welche die Fachkräfte der Sozialen Arbeit Fähigkeiten und Kompetenzen erwerben können, die sie im Umgang mit Jugendlichen mit türkischem Migrationshintergrund benötigen.

In der Literatur konnte die Verfasserin zu dieser Betrachtungsweise in Bezug auf die Soziale Arbeit keine Ergebnisse finden. Der interreligiöse Dialog wird in der Regel auf politischer Ebene diskutiert. Dabei geht es um den Umgang des Christentums mit dem Islam im Allgemeinen. Interreligiöses Lernen hingegen steht in der Literatur häufig im Zusammenhang mit dem Religionsunterricht in Schulen. Eine wichtige Voraussetzung, um in einen Dialog zu treten ist der Aspekt der Fremd- und Eigenwahrnehmung. Dieser wird im Folgenden näher erläutert. Anschließend geht dieser Abschnitt auf die Kompetenzen für und Ziele des interreligiösen Dialogs ein.

3.1 Fremdwahrnehmung

„Weil er uns Angst macht,
stellt der Fremde unsere eigene Rolle in der Gesellschaft infrage.
Ich muss ihn nur ansehen, um zu begreifen, dass auch ich,
in den Augen eines anderen, ein Fremder sein kann.
Für ihn wäre ich jemand, der ihm Angst macht.
Betrachtet man die ganze Menschheit,
so kann man schließen, dass wir allesamt Fremde sind.
Wir alle tragen etwas in uns, das uns nicht gehört,
das wir nicht enträtseln, in das wir nicht vordringen können.
Weil er mir auf eine Weise ähnlich ist, erschreckt mich der Fremde.
Letztlich fürchte ich ihn nur, weil ich vor mir selbst erschrecke.
Wie, wenn ich der andere wäre?
Die Wahrheit ist: Er gleicht mir."
(Wiesel zitiert in Leimgruber 2007: 59)

Die Gedanken von Elise WIESEL fassen das zusammen, was in der Politik in Bezug auf den interreligiösen Dialog häufig diskutiert wird. Nach LANGE ist die positive Fremd- und Eigenwahrnehmung eines der wichtigsten Voraussetzungen um einen Dialog zu führen. Auch KIECHLE et al. nehmen diesen Aspekt in den Blick. Sie beschreiben die interkulturelle und interreligiöse Vielfalt als Teil unserer Gesellschaft. Die Begegnungen mit ihr bewirken einen Prozess der Wahrnehmung des Fremden und fordern ein Umdenken des eigenen Weltbildes. Das Aufeinandertreffen verschiedener Religionen und Kulturen ist nicht immer harmonisch. Differenzen müssen ausgehalten, es muss mit ihnen umgegangen und sie müssen bearbeitet werden. (Kiechle et al. 2005: 284ff)

Um sie wahrnehmen zu können, muss die handelnde Person zwischen Eigenem und Fremden und somit zwischen eigener und fremder Religion unterscheiden können. Jede Religion oder Kultur besitzt ein Selbstbild und ein Fremdbild von sich. Eine Trennung zwischen diesen beiden Bildern vorzunehmen wird zunehmend schwieriger, wenn Fremdes in der eigenen Kultur oder Religion enthalten ist. Zudem ist die Wahrnehmung von Differenzen durch die Beurteilung des Eigenen und des Fremden geprägt, ob diese als Bereicherung oder Bedrohung gesehen werden. Die Problematik interreligiöser bzw. interkultureller Begegnungen tritt beim Prozess der Auseinandersetzung mit und dem Versuch des Verstehens des Fremden in seiner Andersartigkeit auf. KIECHLE et al. gehen davon aus, dass die meisten Missverständnisse unter Menschen verschiedener Religionen/Kulturen daraus resultieren, dass das Bewusstsein über die eigene und fremde Wahrnehmung zu gering ist. Es besteht lediglich eine Vermutung über das, was der andere über einen annimmt. Selbstverstehen ist daher ohne das Fremdverstehen nicht möglich. Es muss immer ein Vergleich möglich sein um das Eigene definieren zu können. Identität ist daher nur möglich, wenn eine Unterscheidung bzw. Differenz zugelassen wird. (Ebd.)

Der folgende Abschnitt beschreibt kurz wie Eigenes und Fremdes entsteht. Anschließend wird der Bezug zum Islam und Christentum hergestellt. Dabei wird die jeweilige Sicht über den Anderen in Form des Fremdverstehens der anderen Religion dargestellt. In einem dritten Unterpunkt wird der Umgang mit dem Fremden thematisiert.

Entstehung des Eigenen und Fremden

Es stellt sich die Frage, wie es dazu kommt, dass etwas oder jemand als fremd wahrgenommen wird. Die Psychoanalyse besagt, dass sich das Gefühl für Fremdheit in der Kindheit entwickelt. Anfangs unterscheidet das Kind zwischen Eigenem und Unbekanntem und beginnt zu fremdeln. In der Auseinandersetzung mit seiner Umwelt erobert das Kind das Fremde neugierig. Negative Erfahrungen mit dem Unbekannten, wie z.B. das Hinfallen, lassen das Fremde ambivalent erscheinen. Unbekanntes wirkt faszinierend und bedrohlich zugleich. Diese Erfahrungen finden in der Außen- und Innenwelt eines Kindes statt. Es lernt zwischen bekannten Personen, die dazugehören, und solchen, bei denen Vorsicht geboten ist, zu unterscheiden. Dabei muss es lernen zwischen Angst und Neugier zu differenzieren und sich auf sein Gefühl zu verlassen. Das Kind merkt bei diesen Lernschritten, dass nicht alle inneren Regungen gut sind. Im Laufe seiner Reifung muss es lernen sich auch mit dem Fremden in sich anzufreunden. (Freise 2007: 61f)

Die Psychoanalyse geht davon aus, dass die Begegnung mit dem Fremden ebenfalls die Begegnung mit dem Fremden in sich selbst darstellt. Fremdes kann entweder Angst hervorrufen, da die Identität der Person gefährdet bzw. bedroht scheint, oder einen Reiz als Alternative zum Vorhandenen bieten. Daraus lassen sich zwei Dinge folgern. Zum einen dient das Fremde der Horizonterweiterung, zum anderen besteht durch das Unbekannte die Gefahr der Vorurteilsbildung bzw. des Entstehens von Fremdenhass. (Ebd.)

Wie sehen Christen die Muslime?

In den 60er Jahren wussten die Deutschen noch relativ wenig über den Islam. Durch die ArbeitsmigrantInnen wurde das Interesse am Islam geweckt und man kam über Kultur und Religion ins Gespräch. Heute ist das Verhältnis zwischen Christen und Muslime vor allem durch eine Abwehrhaltung geprägt. Hierfür sind insbesondere die terroristischen Aktivitäten verantwortlich, welche die Christen mit den Muslimen in Verbindung bringen. Der politische und religiöse Islam wird dabei gleichgesetzt. Es erfolgt eine allgemeine Abgrenzung gegen `den´ Islam und `die´ Muslime. (Waardenburg 2007: 37f)

In Anlehnung an Sundmeier stellt KEßNER auf den sechs Ebenen der Wahrnehmung dar, wie TürkInnen von Deutschen gesehen werden. Auf der Ebene der äußeren Erscheinung sind die dunklen Haare der TürkInnen zu nennen. TürkInnen werden auf der Ebene des Oralsinns mit speziellen Gerüchen wie z.b. Knoblauch in Verbindung gebracht. Die akustisch emotionale Ebene verweist auf die eigene Musik, die TürkInnen haben. Außerdem werden sie als laut wahrgenommen. Auf der sprachlichen Ebene stellen sie fest, dass vor allem die erste Generation fast nur Türkisch spricht. In Bezug auf die soziale Ebene werden kulturelle Verhaltensweisen wie z.b. die Rolle der türkischen Frau diskutiert. Die letzte Ebene ist die religiöse Ebene. Religiöse Zeichen wie die Moscheen werden öffentlich bemerkt. Aus diesen Ebenen schließt KEßNER, dass die türkische Bevölkerung in Deutschland vermehrt an kulturellen Konstanten festhält. (Keßner 2004: 142f)

In ihrer Untersuchung fand KEßNER heraus, dass zwischen den von ihr beobachteten einzelnen Ebenen kaum unterschieden wird. Auch zwischen Kultur und Religion wird kaum ein Unterschied vorgenommen. Dieser Mangel an Differenzierung der Fremdwahrnehmung hat Konsequenzen für das Verständnis der fremden Religion bzw. Kultur. Es ist zu beachten, dass sich die fremdkulturellen Merkmale zwischen der ersten und dritten Generation durch den deutschen Einfluss verändert haben. Daher ist es wichtig, zwischen den einzelnen Ebenen der Wahrnehmung zu unterscheiden und das, was man meint auch wirklich zu benennen. (Ebd.)

Der DATENREPORT 2008 ergab, dass 70% der Befragten große kulturelle Unterschiede zwischen TürkInnen und Deutschen sehen. Auch die soziale Distanz zwischen Deutschen und TürkInnen ist zwischen 1996 und 2006 gestiegen. So halten 48% der Befragten in Westdeutschland und 60% der Befragten in Ostdeutschland eine Nachbarschaft mit TürkInnen für unangenehm. Eine Einheirat einer/s TürkIn wird von der großen Mehrheit abgelehnt. In der Einstellung der Deutschen in Bezug auf die soziale Distanz zu den beiden größten Migrantengruppen in Deutschland, den ItalienerInnen und TürkInnen fällt auf, dass TürkInnen wesentlich negativer wahrgenommen werden als ItalienerInnen. (Blohm et al. 2008: 210f) Hierbei könnte die unterschiedliche Religion zwischen Deutschen und TürkInnen ausschlaggebend sein. ItalienerInnen stehen den Deutschen in der Kultur und Religion näher.

Wie sehen Muslime die Christen?

Auch die Muslime haben negative Fremdbilder von den Christen. Die Entwicklung, den Anderen als gleichberechtigte Andersgläubige anzuerkennen, fehlt im Islam noch. Im Christentum führten Reformen dazu, dass die Kirche die universelle Weltgeltung für ihre Glaubensinhalte aufgegeben hat. (Tibi 2001: 72) Muslime sehen das Christentum als einen fremdartigen Glauben. Das Verhalten der Christen deutet für viele Muslime nicht auf eine Religion hin. Diese Umstände erschweren die Kontaktaufnahme zwischen Muslimen und Christen. (Waardenburg 2007: 38f)

Trotz dieser Haltung sehen türkischstämmige MigrantInnen gemäß der STIFTUNG ZENTRUM FÜR TÜRKEISTUDIEN das Verhältnis zwischen Muslimen und Christen in Deutschland durch Verständnis der religiösen Praktiken und Lebensweisen geprägt. Das meiste Verständnis wird ihnen von Ämtern und Behörden (89,5%) entgegengebracht. Das gefühlte Verständnis nimmt in Schulen (85,5%) und am Arbeitsplatz (79,9%) etwas ab. Im Vergleich zur selben Studie aus dem Jahre 2000 hat sich das Verständnis aus der Sicht der Muslime seither nicht wesentlich verschlechtert. (Stiftung Zentrum für Türkeistudien 2006: 70f)

Der Umgang mit dem Fremden

Es gibt unterschiedliche Stile im Umgang mit Fremdheit. Scheint das Fremde im völligen Gegensatz zum Eigenen zu stehen, ist eine mögliche Folge dessen Ablehnung. Erscheint das Fremde hingegen nur teilweise anders und es werden auch Parallelitäten zum Eigenen gesehen, kann eine Annäherung zum Anderen erfolgen. Wenn das Fremde als Ergänzung zum Eigenen erscheint, wird dieses als Bereicherung angesehen. Dies erleichtert den Umgang mit dem Anderen und die Personen können Achtung gegenüber dem Fremden aufweisen. LEIMGRUBER hält die letzte Einstellung als angemessen und hilfreich sich in das Fremde einzufühlen. Der Autor weist darauf hin, dass Fremdheit weder ignoriert noch negiert werden darf. Er sieht darin eine Herausforderung um die eigene Religiosität zu überprüfen. (Leimgruber 2007: 83)

Auch STREIB sieht die Notwendigkeit Fremdes nicht abzulehnen. Er ergänzt seinen Ansatz allerdings dadurch, dass für ihn Erfahrungen der Fremdheit Voraussetzungen für Prozesse des interreligiösen Lernens darstellen. Das Fremde soll nicht zum Eigenen assimiliert werden. Der Autor verweist in diesem Zusammenhang auf Bernhard WALDENFELS, und fasst seine Worte wie folgt zusammen (Streib 2005: 230f):

„Das Fremde ist eine Herausforderung, ein Stachel, der sich an die eigene Identität nicht anpassen lässt und diese nicht bestätigt, vielmehr neue Einsichten freisetzt, einen Mehrwert besitzt" (Streib 2005: 231).

In Übereinstimmung mit dieser Aussage steht die `Xenosophie´, die Fremdheit als Widerstand und Herausforderung sieht. Sie wurde von dem Philosophen Yoshiro NAKAMURA entwickelt. (Leimgruber 2007: 84) Dieser Ansatz negiert ebenfalls die gewaltsame Assimilation des Fremden und kritisiert zudem Ansätze, die auf das bloße Verstehen des Fremden abzielen. (Streib 2005: 231) Erst wenn der Mensch in der Lage ist sich selbst als spezifisch und einzigartig zu sehen, kann er dies auch bei anderen. (Waardenburg 2007: 21) Daher muss nach ROHR, für den Umgang mit dem Fremden, eine Analyse fremder Erfahrungen immer mit einer Analyse der eigenen Erfahrungen verknüpft sein. Fremdwahrnehmung setzt für ihn grundsätzlich Selbsterkenntnis voraus. (Freise 2007: 63)

WAARDENBURG ergänzt dies und geht davon aus, dass die gegenseitigen Sichtweisen zweier Fremder Voraussetzung dafür sind, die Frage nach der Beziehung zwischen zwei Gruppen zu beantworten. Demnach ist es wichtig sich selbst und seine Welt, aber auch den Anderen und dessen Sichtweise über Gesellschaft, Kultur und Religion zu betrachten. (Waardenburg 2007: 29)

Zwischen dem Christentum und dem Islam ähnelte der Umgang mit dem Fremden zeitweise einer rivalen Situation. Heute hat sich das Verhältnis geändert, da ein Bewusstsein dafür entstand, dass es außer den beiden Religionen noch andere Religionen und auch ungläubige Menschen gibt. Aufgrund dieser Veränderung besteht prinzipiell die Möglichkeit den Anderen mit anderen Augen zu sehen. Die festgefahrenen Sichtweisen und Traditionen erschweren dies aber noch immer. Christen und Muslime entwickeln neue Perspektiven und versuchen in den Dialog zu kommen. Offenheit ist dabei eine wichtige Voraussetzung. (Ebd: 21ff) INAM geht davon aus, dass durch einen misstrauischen und voreingenommenen Umgang der Christen mit den Muslimen die religiösen Muslime für eine Auseinandersetzung nicht erreicht werden können. Vielmehr werden diese sich den Vorstellungen der Christen anpassen. Der Autor führt weiter an, dass ein voreingenommenes Verhalten gegenüber Fremdem aus Angst vor der Konfrontation mit den eigenen Schwächen resultieren kann. (Inam 2005: 92)

Für den Umgang mit dem Fremden kommt WAARDENBURG zu folgendem Schluss:

> *„Differenz ist nicht nur eine schicksalhafte Folge unterschiedlicher, fest gegebener Identitäten. Sie ist auch eine positive Voraussetzung für zukünftige Entwicklungen und Identitätsbildungen. Ist es doch anregend, verschieden zu sein, und schön, eine eigene Identität zu haben."* (Waardenburg 2007: 23)

3.2 Aspekte der interreligiösen Kompetenz

Um mit dem Fremden umzugehen und damit interreligiöse/s Lernen/Dialoge stattfinden können sind einige Kompetenzen erforderlich. Hierzu gehören die Dialogfähigkeit, der Perspektivenwechsel, die Ambiguitätstoleranz und die Selbstreflexivität. Sie zählen zu dem von KIECHLE et al. genannten Konfliktmanagement.

Interreligiöses Lernen bedeutet die Auseinandersetzung mit Differenzen einzuüben und soll einen Beitrag zur religiös individuellen bzw. kollektiven Identitätsbildung leisten. Die religiös individuelle Identität bezieht sich auf den inneren Dialog im Subjekt, die religiös kollektive Identitätsbildung hingegen auf den intersubjektiven Dialog. Das Wissen über sich selbst wird, wie bereits erwähnt, vor allem über den Anderen gewonnen. Interreligiöse Begegnungen finden statt, wenn die Grenze zum Anderen respektiert wird. Die Pluralität muss erkannt werden und die Personen müssen in der Lage sein eine eigene Position im Dialog zu vertreten. Die beteiligten Personen lernen daher in und an Differentem. **Dialogfähigkeit** bedeutet demnach die Fähigkeit eine kontroverse Auseinandersetzung mit unterschiedlichen Ansichten zu führen. KIECHLE et al. merken hierzu an, dass die Dialogfähigkeit durch einen Mangel an Wissen oder Blockaden durch die Persönlichkeit verhindert werden kann. (Kiechle et al. 2005: 288f)

Da die Aneignung religiöser Traditionen ein individueller Prozess ist, können Menschen nur für sich selbst sprechen. Es gibt keine Verallgemeinerungen. Daher stellt der interreligiöse Dialog keinen Dialog zwischen Religionen, sondern zwischen Menschen dar. Das Wissen der teilnehmenden Personen kann im Dialog erweitert werden. (Goßmann 2005: 349)

Eine weitere wichtige Fähigkeit ist der **Perspektivenwechsel**. Darunter ist die Fähigkeit zwischen Ich- und Du-Perspektive wechseln zu können zu verstehen. Es geht nicht nur darum, Differenzen zu sehen, sondern auch darum, mit ihnen umgehen zu können. Die Feststellung, dass es zu keiner Übereinstimmung kommt, ist ebenfalls ein Lernschritt. Unterschiede werden dabei nicht übergangen, sondern bewusst wahrgenommen. Ein utopisches Harmoniemodell wird abgelehnt. Die Ziele sind die Erweiterung der Ich- bzw. Du-Perspektive und die Herstellung einer Beziehung zwischen sich und dem Fremden, die von gegenseitigem Verstehen, Akzeptanz, Respekt und Reflexion der Fremd- und Eigenperspektive geprägt ist. Mitunter kann eine Wir-Perspektive entstehen, welche durch Übereinstimmungen und Differenzen wahrgenommen und akzeptiert werden. Gegenseitiges Verstehen beinhaltet Differenzen zu erfassen und transparent zu machen, um mögliche Missverständnisse, aufgrund der unterschiedlichen Perspektiven, aufzuheben. (Kiechle et al. 2005: 289f)

Der Perspektivenwechsel stellt einen Versuch dar, sich in die andere Person hineinzuversetzen. Es geht dabei nicht um Befürwortung oder Akzeptanz des Standpunktes des Anderen, sondern darum, zu sehen, was für ihn wichtig und wertvoll ist. Es gilt die Andersartigkeit zu akzeptieren. Des Weiteren wird durch den Perspektivenwechsel versucht, die eigene Religion nicht nur aus der eigenen Perspektive zu betrachten. Ein wechselseitiges Eigen- und Fremdverstehen, mit den damit verbundenen Interpretationen, ist ein wichtiges Ziel des Perspektivenwechsels. (Ebd.)

KIECHLE et al. gehen davon aus, dass das Wechseln der Perspektive eine wichtige Voraussetzung für eine gelungene Kommunikation darstellt und beschreibt wie an Differenzen gelernt werden kann. Die drei Perspektiven (Ich, Du, Wir) tragen zur Selbstbildung bei. (Ebd.) Durch den Perspektivenwechsel kann nach STREIB die `Kultivierung von Fremdheit´ erreicht werden. Darunter versteht er die Beachtung der Fremdheitserfahrungen und nicht die Entfernung des Fremden. Durch den Perspektivenwechsel soll daher eine Eigen- und Fremdinterpretation der eigenen und fremden Religionen stattfinden. (Streib 2005: 239f)

Im Zusammenhang mit der Fähigkeit des Perspektivenwechsels steht für KIECHLE et al., die **Ambiguitätstoleranz**. Diese Fähigkeit meint das Aushalten des durch den Perspektivenwechsel entstehenden Spannungsverhältnisses zwischen den Differenzen. Diese sollen wahrgenommen und es soll sich darüber ausgetauscht werden. Die Vorstellung, das Ziel eines interreligiösen Dialogs ist der Konsens, ist demnach falsch. Daher sollte das interreligiöse Ziel darin liegen durch das Aushalten der Differenzen und Spannungen eine Akzeptanz aller Interaktionspartner in ihrer Andersartigkeit herbeizuführen. (Kiechle et al. 2005: 290f) Muslime werden in vielen Bereichen als Herausforderung für die Gesellschaft gesehen. Dabei wird nach INAM nicht beachtet, dass Unterschiede erkannt werden müssen, und gelernt werden muss mit diesen umzugehen um den Prozess der Integration zu fördern. (Inam 2005: 107)

Als vierte Fähigkeit des interreligiösen Lernens nennen KIECHLE et al. die **Selbstreflexivität** in Form von Selbstkritik und Selbstrelativierung. Religiöse Differenzen werden unterschiedlich wahrgenommen. Die Art und Weise wie das religiöse Fremde gesehen wird, beeinflusst dies. Die Trennung zwischen dem Eigenen und dem Fremden verschwimmt in dem Moment, in dem in der eigenen Religion Fremdes wahrgenommen wird. Das Fremde stellt eine Einschätzung in Bezug auf einen selbst dar. Dadurch wird nicht nur das Andere, sondern auch der Mensch über diese Beziehung definiert, d.h. der Mensch definiert sich selbst im Bezug auf das Andere. Ein Selbstverständnis wäre diesen Ausführungen nach ohne das Fremde nicht möglich. (Kiechle et al. 2005: 291f).

KIECHLE et al. gehen davon aus, dass Wahrnehmung durch das, was der Mensch vermutet bzw. was das Gegenüber denkt oder erwartet, gesteuert wird. Dadurch entstehen so genannte Metabilder, die das Handeln bestimmen und Motivation hervorrufen können. In Bezug auf die Begegnung mit fremden Religionen bedeutet dies, dass durch Metabilder die eigene Religion bewusst und bei Bedarf relativiert werden kann. Die Selbstreflexivität ist folglich ein wichtiger Aspekt, *„um Interpretationen, Werthaltungen und ihre Entwicklungszusammenhänge erkennen, verstehen und kritisch auf ihren Sinn und ihre Verbindlichkeit hin befragen zu können"* (Kiechle et al. 2005: 291f).

Zusammengefasst kann die interreligiöse Kompetenz als Fähigkeit mit Konflikten und Differenzen umgehen zu können bezeichnet werden. (Gerber 2006: 74) Sie meint demnach die Fähigkeit die Pluralität zu erkennen und zu verstehen und seine eigene Position im Dialog zu vertreten. Dabei handelt es sich um eine argumentative Auseinandersetzung und nicht darum einen Konsens zu erschließen. (Ebd.: 289)

3.3 Ziele des interreligiösen Dialogs

Im Zusammenhang mit den gerade erläuterten Kompetenzen stehen die Ziele, die mit einem interreligiösen Dialog erreicht werden sollen. Ursula SPULER-STEGEMANN weist darauf hin, dass Christen und Muslime unter dem Begriff Dialog Unterschiedliches verstehen. Dieser Aspekt ist wichtig, um die Ziele des interreligiösen Dialogs herauszuarbeiten. Gemäß der Autorin verstehen Muslime unter dem Begriff häufig Mission. Sie sehen im Dialog die Möglichkeit den Islam publik zu machen und für ihn zu werben. Christen verstehen unter einem Dialog sich aufeinander einlassen oder Gemeinsamkeiten zu betrachten. Über diese Unterschiede müssen sich DialogpartnerInnen aus beiden Religionen bewusst sein. (Spuler-Stegemann 2002: 336f)

INAM weist darauf hin, dass es zwei Arten von Begegnungen gibt. Bei der einen werden bewusste und unbewusste Ziele verfolgt bzw. der Fremde wird durch die eigenen Vorstellungen als Objekt betrachtet. Die andere Form der Begegnung ist das aufrichtige, vertraute Gespräch, durch welches man den fremden Menschen wirklich erkennt und in seinen Einschätzungen nicht durch Selbstverständnisse beeinflusst wird. (Inam 2005: 83f)

RICKERS geht davon aus, dass interreligiöses Lernen, das mit dem interreligiösen Dialog in Verbindung steht, nicht nur eine bessere Respektierung der anderen Religion zum Ziel hat. Er sieht das Ziel auch darin, die Menschen dazu anzuregen, darüber nachzudenken, welchen Einfluss die Religion auf die Beziehung zwischen den Menschen hat. Es geht für ihn darum, zu schauen, welche Faktoren diese Beziehungen bereichern und welche sie belasten können. Demnach besteht eine Aufgabe des interreligiösen Lernens in der **Bewusstseinsbildung** und darin, dass sich die Mitglieder der Religionen öffnen und aufeinander zugehen. Muslimische und deutsche Jugendliche sollen nach RICKERS durch authentische Begegnungen gesellschaftliche Kontexte verstehen lernen und herausfinden, aus welchen Traditionen ihr gesellschaftliches und kulturelles Bewusstsein entsteht. (Rickers 2003: 50f) In der Literatur wird häufig von drei Hauptzielen des interreligiösen Dialogs gesprochen. Diese sind Toleranz, Anerkennung und Verständnis. **Toleranz** wird zum Teil als Gleichgültigkeit dargestellt. Dieses Ziel ist jedoch zu wenig umfassend. Für den tunesischen Dialogtheologen M. TALBI ist daher **Respekt**, der seinem Gegenüber entgegengebracht werden sollte, wichtiger Bestandteil der Toleranz. TALBI sieht die Voraussetzung für den Dialog in der Aufrichtigkeit. (Nipkow 2005: 374) Christliche Kreise sehen Toleranz nur als Möglichkeit des interreligiösen Dialogs, wenn dieser zwischen gleichwertigen PartnerInnen stattfindet. Hinter diesem Verständnis stehen Begriffe wie Gemeinsamkeiten und Harmonie. Hans Küng steht mit seiner Vorstellung eines Weltethos, der die Religionen auf Grundnormen reduziert, ebenfalls für diese Sichtweise. (Gerber 2006: 71) TIBI weist darauf hin, dass wirkliche Toleranz keine Gleichgültigkeit darstellt, sondern **gegenseitige Akzeptanz**. (Tibi 2001: 71) Wenn davon auszugehen ist, dass, wie vorher beschrieben, Differenzen nicht harmonisiert werden sollen, kann Toleranz alleine kein akzeptables Ziel des interreligiösen Dialogs darstellen.

Nach GERBER bezieht sich **Anerkennung,** im Gegensatz zur Toleranz, auf die Andersartigkeit und die Differenzen, die zwischen den Religionen existieren. Dieses Modell geht davon aus, dass zwischen dem Anderen und mir selbst ein asymmetrisches Verhältnis besteht. Im Dialog geht es darum den Anderen in seiner Einzigartigkeit in der fremden Religion wahrzunehmen. Hierbei steht der individuelle Mensch im Vordergrund und nicht die Religion. Eine Anerkennung der Muslime und der Christen kann nur durch die Wahrnehmung des einzelnen Menschen in seiner Einzigartigkeit und Andersartigkeit erfolgen. Besteht Anerkennung, so findet der Dialog auf gleicher Augenhöhe statt. Die Wahrnehmung des einzelnen Menschen vollzieht sich aufgrund eines Perspektivenwechsels. (Gerber 2006: 72ff)

Johann Baptist METZ, ein deutscher Systematiker, begründet das Ziel der Anerkennung von Angehörigen fremder Religionen durch die Tatsache, dass aus der Sicht des Schöpfungsglaubens jeder Mensch als originär gesehen wird. Daher verdienen die Menschen eine hohe Wertschätzung. METZ spricht in diesem Zusammenhang von einer Kultur der Anerkennung des Anderen in ihrem Anderssein. Als Voraussetzung für diese Art von Anerkennung nennt der Autor die Selbstwahrnehmung und die eigene Wertschätzung. (Leimgruber 2007: 88f)

Verstehen ist ein wichtiger Aspekt, dessen Umsetzung kompliziert ist. Hierzu gehört das Selbst- und Fremdverstehen. Auf letzteres wurde bereits näher eingegangen. (Nipkow 2005: 371) Damit Erkenntnisse untereinander ausgetauscht werden können, nennt INAM drei menschliche Ebenen des Verstehens und Kennenlernens. Eines ist das Prinzip der Zweigeschlechtlichkeit. Die Wahrnehmung der Menschen als Männer und Frauen bietet eine größtmögliche Unterscheidung der Menschen. Eine zweite Aufteilung der Menschen kann über die Kulturen erfolgen. Die dritte Möglichkeit stellt die Unterscheidung der Menschen nach Volksstämmen dar, die eine Gemeinschaft bilden. Dialog findet in der Regel zwischen einzelnen Menschen statt. Der Erkenntnisprozess wirkt sich dann auf die anderen sozialen Zugehörigkeiten aus. Das umfassende Verständnis als Menschen ist erst durch die gegenseitige Begegnung möglich. (Inam 2005: 82f) TIBI sieht das gegenseitige Verständnis als wichtiges Ziel des Dialogs, um eine Basis zu haben, auf der Konflikte gelöst werden können. Um dies zu erreichen ist Offenheit von beiden Seiten unabdingbar. Austausch alleine genügt nicht. (Tibi 2001: 70)

LEIMGRUBER fasst das gemeinsame Ziel aller interreligiösen Modelle treffend zusammen:

> *„Das Ziel interreligiösen Lernens [besteht] darin, Angehörigen anderer Religionen respektvoll zu begegnen, Toleranz zu üben, ihre Religion als sinnstiftendes Ganzes zu verstehen und mit der eigenen Religion, die mehr oder weniger bewusst ist und unterschiedlich praktiziert wird, in Beziehung zu setzen. Es geht also um Verstehen und Anerkennen und auch darum, das Besondere der Religion wie auch Parallelen und Ähnlichkeiten unter ihnen herauszufinden. [...] Folglich geht es nicht um Missionierung, Konversion, Abwerbung oder um eine Einheit auf kleinstem gemeinsamem Nenner, sondern letztlich um das Zusammenleben in einer pluralen Gesellschaft und eine Standardbestimmung in religiöser Hinsicht."* (Leimgruber 2007: 23)

Trotz vieler Chancen, die das interreligiöse Lernen und der interreligiöse Dialog mit sich bringen, gibt es auch Grenzen. RENZ et al. weisen darauf hin, dass *„auch wenn wir noch so tief in die Geheimnisse des Islam eindringen, den Koran studieren und die je anderen Lebensweisen begründen können, ein Rest Fremdheit jener Religion, in der man nicht aufgewachsen ist, bleiben wird"* (Renz et al. 2004: 53). Dasselbe gilt auch für die Muslime in Bezug auf das Christentum.

TEIL 2

EMPIRISCHE UNTERSUCHUNG

4 HINFÜHRUNG ZUR UNTERSUCHUNG UND FRAGESTELLUNG

Die Literaturanalyse zeigte auf, dass die Thematik um Jugendliche mit türkischem Migrationshintergrund in der Jugendberufshilfe sehr umfangreich ist. Wie bereits festgestellt, ist daher zu prüfen, wie Fachkräfte der Sozialen Arbeit mit dieser Situation umgehen sollten. Weiterhin stellt sich die Frage, ob auf den Islam angesichts seiner zunehmenden Bedeutung für die Jugendlichen in den Maßnahmen der Jugendberufshilfe intensiver eingegangen werden sollte.

Damit Fachkräfte der Sozialen Arbeit auf die beschriebene Situation optimal eingehen können, bedarf es nach Meinung der Verfasserin einer Fortbildung, in der diese Fragen thematisiert werden. Auch Boos-Nünning wies darauf hin, dass eine Qualifizierung des Personals durch Fortbildungen unabdingbar ist.

Die vorliegende Arbeit zeigt auf, welche Aspekte im Umgang mit türkischen Jugendlichen berücksichtigt werden müssen. Aus den resultierenden Ergebnissen werden thematische Inhalte für eine Fortbildung für Fachkräfte der Sozialen Arbeit entwickelt. Aufgrund der Sichtung der Literatur und den daraus resultierenden Überlegungen kristallisiert sich folgende Fragestellung heraus:

Welche Aspekte müssen Fachkräfte der Sozialen Arbeit in der Jugendberufshilfe im Umgang mit türkischen Jugendlichen beachten?

– aus der Sicht türkischer Jugendlicher und Fachkräften der Sozialen Arbeit in der Jugendberufshilfe und unter Berücksichtigung des Ansatzes des interreligiösen Dialogs –

Diese Fragestellung nimmt nicht nur, wie im Titel der Arbeit angedeutet, die Bedeutung des Islam für Jugendliche mit türkischem Migrationshintergrund in Deutschland in den Blick, sondern befasst sich zudem mit weiteren Aspekten, die im Zusammenhang mit der Zielgruppe zu beachten sind. Die Verfasserin hat sich bewusst dazu entschieden die Fragestellung etwas weiter zu formulieren, um eine möglichst genau Betrachtung der Jugendlichen durchzuführen und im Umgang mit Jugendlichen mit türkischem Migrationshintergrund spezifischer arbeiten zu können.

5   FORSCHUNGSDESIGN

Im Folgenden wird nun das Vorgehen der empirischen Untersuchung dargestellt. Aus der Literaturanalyse und der daraus entwickelten Forschungsfrage werden zunächst einige Hypothesen entwickelt (vgl.: 5.1). Diese dienen als Ausgangspunkt für die empirische Untersuchung. Auf diesem Hintergrund stellt sich die Frage, wer zur möglichen Zielgruppe zählt (vgl.: 5.2) und welche Methode der angewandten Sozialforschung die Geeignetste ist, um eine Antwort auf die Forschungsfrage zu erhalten (vgl.: 5.3). Anschließend wird das Auswertungsverfahren (vgl.: 5.4) und die Durchführung der empirischen Untersuchung (vgl.: 5.5) vorgestellt.

5.1   Theoriegeleitete Hypothesen

Bei negativen Erfahrungen mit der gesellschaftlichen Umwelt stimmt das Bild, das man zuvor von dieser Umwelt hatte, mit der Realität oftmals nicht überein. Eine solche Erkenntnis kann der Anfang einer Forschungssituation sein. Zunächst muss das Bild dargestellt werden, um dieses an der empirischen Wirklichkeit überprüfen zu können. Eine derartige Beschreibung nennt man Hypothesenbildung. Hypothesen können sich nicht nur auf eine einzelne Frage, sondern auf Themenkomplexe beziehen. Bei der Bildung von Hypothesen ist zu beachten, dass sie widerspruchsfrei und empirisch überprüfbar sein müssen. In der Regel werden bei einer Forschung mehrere Hypothesen aufgestellt. (Atteslander 2000: 47ff)

Aufgrund der erworbenen Informationen und vor dem Hintergrund der formulierten Fragestellung entwickelte die Verfasserin folgende Hypothesen, die durch die Forschung überprüft werden sollen:

- Die meisten Jugendlichen mit türkischem Migrationshintergrund in Deutschland stammen aus religiös-traditionellen Familien. Daher nehmen die Religion und die traditionellen Werte einen hohen Stellenwert für sie ein.

- Die Identifikation mit der Religion hilft den Jugendlichen mit türkischem Migrationshintergrund bei ihrer Identitätsbildung.

- Viele Jugendliche mit türkischem Migrationshintergrund der zweiten bzw. dritten Generation haben Schwierigkeiten einen Ausbildungsplatz zu finden. Daher nehmen Sie an einer Maßnahme der Jugendberufshilfe teil.

- Es ist davon auszugehen, dass SozialarbeiterInnen und SozialpädagogInnen in der Jugendberufshilfe für den Umgang mit muslimischen Jugendlichen mit türkischem Migrationshintergrund keine spezielle Ausbildung erhalten.

- Die muslimischen Jugendlichen mit türkischem Migrationshintergrund wünschen sich Respekt gegenüber ihrer Religion.

- Im Umgang mit Jugendlichen mit türkischem Migrationshintergrund in der Jugendberufshilfe ist es wichtig den Fachkräften der Sozialen Arbeit mehr Wissen über die muslimische Religion zu vermitteln um deren Wissensstand zu erweitern.

- Durch die interreligiösen Kompetenzen eines/r SozialarbeiterIn/SozialpädagogIn können muslimische Jugendliche mit türkischem Migrationshintergrund positiv beeinflusst werden.

- Im Umgang mit Jugendlichen mit türkischem Migrationshintergrund bedarf es einer Beachtung der geschlechtsspezifischen Erziehung.

5.2 Die Bestimmung der Zielgruppe

Um zu sehen, welche Aspekte Fachkräfte der Sozialen Arbeit im Umgang mit Jugendlichen mit türkischem Migrationshintergrund berücksichtigen sollten, gehören sowohl SozialarbeiterInnen/SozialpädagogInnen als auch Jugendliche mit türkischem Migrationshintergrund zur Zielgruppe der Untersuchung. Bei der Wahl des Samples achtete die Verfasserin darauf, eine ausgewogene Mischung zwischen Mädchen und Jungen zu erhalten, da der Aspekt der geschlechtsspezifischen Erziehung seine Berücksichtigung finden sollte. Um die Interviews besser vergleichen zu können, versuchte sie weiterhin ein ausgewogenes Verhältnis zwischen Fachkräften, Mädchen und Jungen zu erzielen. Alle zu Befragenden müssen an einer Maßnahme der Jugendberufshilfe derzeit partizipieren bzw. teilgenommen haben. Im Folgenden werden zunächst die Kriterien für die Wahl der Fachkräfte und anschließend für die Jugendlichen mit türkischem Migrationshintergrund vorgestellt.

Die interviewten Fachkräfte der Sozialen Arbeit, in Maßnahmen der Jugendberufshilfe, müssen mit Jugendlichen mit türkischem Migrationshintergrund bereits gearbeitet haben. Die Erfahrungen mit anderen muslimischen Jugendlichen in der Jugendberufshilfe können ergänzend hilfreich sein. Die SozialarbeiterInnen und SozialpädagogInnen müssen keineswegs gläubige Christen sein. Es ist allerdings davon auszugehen, dass diese in einer christlich geprägten Welt aufgewachsen sind.

Bei türkischen Jugendlichen war die große Bedeutung des Islam ein weiteres Auswahlkriterium, da in der vorliegenden Arbeit das Augenmerk auf der Bedeutung des Islam im Umgang zwischen Jugendlichen und Fachkräften der Sozialen Arbeit liegt.

5.3 Die Datenerhebung

Für die vorliegende Studie entwickelte die Verfasserin einen Kurzfragebogen, der dem eigentlichen Interview vorausgeht. Dieser beinhaltet offene Fragen in Bezug auf die Person und wurde von den einzelnen InterviewpartnerInnen nicht schriftlich, sondern im Gespräch beantwortet.

Zur Durchführung der Forschung wählte die Verfasserin aus der Vielzahl der Methoden das *Leitfadengestützte Interview* aus, das zur qualitativen Forschung zählt. Es ist davon auszugehen, dass zur Beantwortung der Fragestellung mehr Informationen über eine qualitative, als über eine quantitative Methode gewonnen werden kann.

In der vorliegenden Arbeit wurden sieben Interviews durchgeführt, um eine einigermaßen ausgewogene Mischung zu erhalten. Die Vergleichbarkeit der Ergebnisse ist nicht unbedingt in hohem Maße gegeben, da jede/r Befragte von seinen/ihren Erfahrungen erzählen kann. Damit ist eine Auswertung der Ergebnisse schwieriger als bei anderen Erhebungsmethoden. (Atteslander 2000: 154)

Die Interviews wurden nach der *qualitativen Inhaltsanalyse nach Mayring* ausgewertet. Nach MAYRING wird durch die Inhaltsanalyse die (fixierte) Kommunikation analysiert. Dabei ist es wichtig systematisch und regelgeleitet vorzugehen, um das Ergebnis nachvollziehbar und überprüfbar zu machen. Weiterhin sollte von einer Theorie ausgegangen werden. Dies gewährleistet eine Auswertung der Interviews auf dem Hintergrund der bereits existierenden Theorie und eine Anknüpfung an bereits bestehende Erfahrungen. (Mayring 2007: 12)

Für die Interpretation der Interviews existieren drei Vorgehensweisen: Zusammenfassung, Explikation und Strukturierung. Obwohl die drei Varianten eng miteinander verwoben sind, soll auf die ersten beiden Varianten hier nicht eingegangen werden, da die Verfasserin in der zugrunde liegenden Arbeit vor allem mit der *Strukturierung* arbeiten wird. Innerhalb der strukturierenden Inhaltsanalyse ist zwischen vier Arten zu unterscheiden: formale, inhaltliche, typisierende und skalierende Strukturierung. Im Zusammenhang der vorliegenden Arbeit ist die *inhaltliche Strukturierung* die Geeignetste. Das Ziel dieser Vorgehensweise ist das Herausfiltern bestimmter Themen und Aspekte, die dem entwickelten Kategoriensystem zuzuordnen sind. Die Ankerbeispiele werden in drei Schritten bearbeitet. Zunächst erfolgt eine *Paraphrasierung*, bei der nichtinhaltstragende Textteile ausgelassen werden. In einem zweiten Schritt werden die Paraphrasen erneut reduziert. Dieser Vorgang nennt sich *Generalisierung*. Die Textausschnitte erfahren durch die *Reduktion*, als dritten Schritt, eine weitere Abstraktion. Nach der Bearbeitung des Materials werden die einzelnen Subkategorien und darauf folgend jede Hauptkategorie zusammengefasst und interpretiert. (Ebd.: 61ff)

In einem zweiten Schritt wird die Verfasserin eine *hermeneutische Betrachtung* der Interviews durchführen, da die geführten Interviews einige Wiedersprüche beinhalten, die durch die qualitative Inhaltsanalyse nach Mayring nicht so gut ausgewertet werden können. Im Rahmen der vorliegenden Masterthesis ist eine vollständige sozialwissenschaftlich-hermeneutische Paraphrase aus Zeitgründen allerdings nicht möglich.

Das Hauptinteresse dieses Verfahrens liegt auf dem sozialen Faktor der Subjekte. Der hermeneutische Aspekt beinhaltet, dass Theorien und Erfahrungen des/r ForscherIn mit einbezogen werden und dann durch die Interpretation des Materials verändert werden. Im Ergebnis der Untersuchung können subjektive Perspektiven der Interviewten erkannt werden. Dies stellt die sogenannte Paraphrase dar. (Ebd)

5.4 Die Durchführung der empirischen Untersuchung

Die Datenerhebung

Aufgrund der genannten Auswahlkriterien (vgl.: 5.2) setzt sich die Gruppe der Interviewten aus zwei Mädchen mit türkischem Migrationshintergrund, drei Jungen mit türkischem Migrationshintergrund und zwei SozialarbeiterInnen/Sozialpädagoginnen zusammen. Diese Anzahl bietet keine validen Daten, sondern nur Tendenzen ohne Anspruch auf Allgemeingültigkeit. Die InterviewpartnerInnen sind alle aus Freiburg. Durch die lokale Begrenzung kann die Situation in Freiburg, in Anbetracht der Vielzahl der Jugendberufshilfemaßnahmen, besser verglichen werden.

Portraits der InterviewpartnerInnen

Im Folgenden werden die einzelnen InterviewpartnerInnen und deren Einrichtungen anhand der gewonnen Daten aus dem Kurzfragebogen und den Eckdaten des Interviews vorgestellt. Die InterviewpartnerInnen nehmen hauptsächlich an einer schulischen Förderung teil. Zwei InterviewpartnerInnen stehen im Kontext der arbeitsmarktbezogenen Förderung.

Experte_01

Herr A. arbeitet in einer abH Maßnahme nach dem SGB III in Freiburg. Jugendliche zwischen 17 und ca. 20 Jahren erhalten in ihrer ersten beruflichen Ausbildung sozialpädagogische Begleitung und Lernunterstützung. Der Anteil türkischer Jugendlicher ist relativ gering. Es nehmen allerdings auch andere muslimische Jugendliche aus dem Iran, Irak und Ex-Jugoslawien teil. Der Ausländeranteil in dieser abH Maßnahme liegt generell bei 13,9%, der von Jugendlichen mit Migrationshintergrund bei 29,5%. Aufgrund der Fachrichtung nehmen derzeit ausschließlich männliche Jugendliche an den Maßnahmen teil. Die Einrichtung hat keine türkischen MitarbeiterInnen.

Herr A. ist bereits seit 14 Jahren in der Jugendberufshilfe tätig und hat bei zwei verschiedenen ArbeitgeberInnen gearbeitet. Er ist Feinmechanikermeister und Diplom-Sozialpädagoge. Aufgrund seines Erstberufes arbeitet er in den Maßnahmen für technische Berufe. Herr A. ist Deutscher ohne Migrationshintergrund und spricht kein Türkisch. Er ist katholisch, aber nicht katholisch gläubig. Dennoch bezeichnet er sich als einen gläubigen Menschen.

Bei der Kontaktaufnahme zeigte Herr A. großes Interesse an dem Thema. Seit mehreren Jahren beschäftigt er sich privat und beruflich mit der Migration und dabei vor allem mit dem Ausländerrecht. Die Atmosphäre während des Interviews (26.03.2009) war sehr angenehm. Herr A. hatte viel zu berichten. Der Erzählfluss war meist fließend. Das Interview wurde nicht gestört und dauerte ca. 58 Minuten.

Experte_02

Frau B. ist Diplom-Sozialpädagogin und Diplom-Pädagogin und seit dreieinhalb Jahren in der Jugendberufshilfe an einer Schule für BVJ und BEJ tätig. Die Jugendlichen sind zwischen 15 und 17 Jahre und erhalten Einzelfallhilfe in Form von Einzelgesprächen, Berufsorientierung und Bewerbungshilfen. Zudem finden drei Seminartage im Schuljahr statt. Diese setzen sich aus einem Hüttenwochenende zum Kennenlernen, einem Bewerbungstraining und einer abschließenden Kanufahrt zum Training der Teamfähigkeit zusammen.

Die türkischen Jugendlichen machen einen Anteil von ca. 10% der TeilnehmerInnen aus. Der Anteil der Jugendlichen mit Migrationshintergrund liegt mit 50% weitaus höher. Generell stellen die libanesischen, türkischen und albanischen Jugendlichen die größte Gruppe der ausländischen Jugendlichen dar. In den BVJ- und BEJ-Klassen sind aufgrund der hauswirtschaftlichen Fachrichtung hauptsächlich Mädchen. In der Einrichtung arbeiten zwei weibliche Sozialarbeiterinnen. Türkische MitarbeiterInnen sind nicht angestellt. Frau B. hat die deutsche Staatsangehörigkeit und ist katholisch. Nach kurzem Überlegen bejaht sie die Frage, ob sie gläubig sei. Auch Frau B. spricht kein Türkisch.

Frau B. zeigte großes Interesse bei der Kontaktaufnahme. Wir führten das Interview am 07.04.2009 in ihrer Schule. Frau B. beschäftigt sich nicht explizit mit dem Islam und zeigte im Gespräch darüber eine gewisse Unsicherheit. Diese sprach sie auch während des Interviews an. Die Atmosphäre war von Herzlichkeit geprägt und verlief ohne Störungen. Der Erzählfluss war abgesehen von einigen kurzen Pausen fließend. Das Interview dauerte ca. 48 Minuten. Da die Verfasserin während des Interviews eine Frage vergessen hatte, beantwortete Frau B. ihr diese per Email.

Mädchen_01

C. ist ein 17 jähriges türkisches Mädchen, das in Deutschland geboren ist. Ihr Großvater ist in den 60er Jahren als 'Gastarbeiter' nach Deutschland gekommen. Ihr Vater war zum Migrationszeitpunkt 10 Jahre alt und spricht perfekt Deutsch. Ihre Mutter kam erst nach ihrer Heirat im Alter von 20 Jahren nach Deutschland und hat noch immer große Probleme mit der deutschen Sprache. C. hat zwei Schwestern. Nach Beendigung der Hauptschule hat C. im letzten Schuljahr am BVJ teilgenommen. Da sich ihre Noten verbesserten, macht sie gerade ihren Realschulabschluss. C. ist eine gläubige Sunnitin, die das Kopftuch bereits seit der vierten Klasse trägt.

Die Kontaktaufnahme mit C. erfolgte über Frau B.. Das Interview fand am 07.04.2009 in der Schule statt. C. zeigte großes Interesse an der Thematik der Arbeit. Die Atmosphäre war sehr angenehm und von Offenheit geprägt. Der Erzählfluss war bis auf wenige kurze Pausen fließend. Das Interview dauerte ca. 60 Minuten.

Mädchen_02

D. kam mit 22 Jahren als Heiratsmigrantin nach Deutschland. Ihr Mann (auch türkischer Nationalität) hatte zuvor bereits mit seiner geschiedenen Ehefrau mehrere Jahre in Deutschland gelebt. Heute ist D. 27 Jahre alt und besucht die Hauptschule. An ihrer Schule gibt es auch BVJ-Klassen und einen Jugendberufshelfer, der alle SchülerInnen unterstützt. D. ist eine gläubige Sunnitin, die ein Kopftuch trägt.

Die Kontaktaufnahme erfolgte über den Sozialarbeiter Herrn E.. Dieser rief mich kurz vor dem Termin an, dass D. an dem Interview nicht teilnehmen würde, dass er aber einen Ersatz gefunden habe. Bei der Ankunft in der Schule am 22.04.2009 erfuhr die Verfasserin, dass D. das Interview doch geben wird. Aufgrund ihrer mangelnden Sprachkenntnisse war sie sehr nervös. Dies legte sich allerdings schnell und es entstand eine sehr herzliche und offene Atmosphäre. Der Erzählfluss musste zum Teil unterbrochen werden, da D. die Fragen nicht verstand. Das Interview dauerte ca. 54 Minuten.

Junge_01

F. kam im Alter von einem Jahr als kurdischer Flüchtling mit türkischem Pass mit seinen Eltern nach Deutschland. Seine Familie und er gehören den Aleviten an. F. ist 18 Jahre alt und hat einen Hauptschulabschluss. Derzeit nimmt er an einem BEJ teil. Danach möchte er gerne eine Ausbildung zum Einzelhandelskaufmann machen. In dem Interview erzählte er, dass er bereits einen Ausbildungsplatz habe. In dem Gespräch mit der Sozialpädagogin Frau G. stellte sich nach dem Interview heraus, dass dies nicht stimme.

Die Sozialpädagogin Frau G. hatte den Termin für das Interview mit F. vereinbart. An dem vereinbarten Tag (01.04.2009) war F. nicht in der Schule. Frau. G. hatte ihn angerufen um zu erfahren, ob er dennoch zu dem Interview kommt. Zum vereinbarten Zeitpunkt traf F. in der Schule ein. Er wusste nicht so genau, was auf ihn zukommt. In einem Vorgespräch wurde er in die Thematik eingeführt. Die Antworten von F. waren zum Teil sehr allgemein gehalten und wenig auf sich bezogen. Die Verfasserin musste immer wieder nachfragen, damit er seine Ausführungen etwas genauer beschrieb. Die Atmosphäre war dennoch angenehm. Das Interview dauerte ca. 26 Minuten.

Junge_02

H. hat die türkische Staatsangehörigkeit. Er ist 16 Jahre alt und ist 2006 nach Deutschland gekommen. Seine Eltern sind bereits seit 2001 in Deutschland. In der Abwesenheit seiner Eltern lebte er bei seiner Großmutter in der Türkei. H. ist Schiit und besucht gerade das BVJ. Dort wird er voraussichtlich seinen Hauptschulabschluss absolvieren.

Der Interviewtermin am 22.04.2009 kam über den Sozialarbeiter Herrn E. zustande. Die Motivation von H. für das Interview hielt sich in Grenzen. Dennoch erklärte er sich bereit daran teilzunehmen. Das Gespräch lief sehr schleppend, da er die Fragen oft nicht verstand und nur sehr kurze Antworten gab. Das Interview dauerte ca. 30 Minuten.

Junge_03

Auch I. hat die türkische Staatsangehörigkeit. Er ist 20 Jahre alt und kam 1993 nach Deutschland. Sein Vater ist bereits 1989 migriert und holte seine Familie dann nach. I. gehört den Aleviten an. Er hat bereits den Hauptschulabschluss absolviert und befindet sich derzeit in einer Ausbildung zum Anlagemechaniker. In diesem Zusammenhang nimmt er an einer abH Maßnahme teil.

Nachdem der Sozialarbeiter Herr A. den Kontakt mit dem Jugendlichen aufgenommen hatte, telefonierte die Verfasserin mit I. und vereinbarte einen Termin. I. war gerne zu einem Interview bereit. Dieses fand am 27.04.2009 statt. Das Gespräch verlief sehr angenehm und dauerte ca. 24 Minuten.

Die Materialauswertung

Nach der Transkription wurden die Interviews zunächst in drei Gruppen zusammengefasst (Gruppe 1 (G1): Experten, Gruppe 2 (G2): Mädchen, Gruppe 3 (G3): Jungen). Anhand eines Beispiels wird im Folgenden die Auswertung der Interviews mit der bereits beschriebenen Inhaltsanalyse nach Mayring dargestellt:

Kategorie 1: Die Sozialisation/Erziehung türkischer Jugendlicher \ Geschlechtsspezifische Erziehung

Sequenz:

„Also mein Vater hat mir noch nie so groß etwas verboten. Ich durfte schon immer mit auf Ausflüge und keine Ahnung wenn ich mal weg wollte, durfte ich auch schon. Nur er muss halt wissen, wo ich bin. Er hat halt immer gesagt, „Sag mir wo du bist und mit wem, wann du heim kommst". Und ich glaube er hat mir auch irgendwie vertraut, weil ich einfach ihn nicht angelogen habe."

Paraphrasierung:

„Ihr Vater hat ihr kaum etwas verboten. Sie durfte immer mit auf Ausflüge. Es war ihrem Vater wichtig zu wissen, wo sie ist. Er hat ihr vertraut, weil sie ihn nicht angelogen hat."

Generalisierte Reduktion:

„Ihrem Vater war es wichtig zu wissen wo sie ist. Er hat ihr vertraut. Daher hat er ihr kaum etwas verboten."

6 DARSTELLUNG DER ERGEBNISSE

Im vorliegenden Abschnitt werden die Ergebnisse der durchgeführten Forschung vorgestellt. Zunächst erfolgt dabei eine Zusammenfassung allgemeiner Erkenntnisse, bevor die einzelnen Kategorien mit ihren Subkategorien dargestellt werden. Zitate aus den erhobenen Interviews belegen die formulierten Thesen. Auf einen Teil der Thesen wird lediglich verweisen. Abschließend folgt ein geschlechtsspezifischer Vergleich der Aussagen der drei Gruppen (Experten – G1, Mädchen – G2, Jungen – G3) in der jeweiligen Kategorie.

6.1 Allgemeine Ergebnisse

Bei der Auswertung der Interviews fällt auf, dass die Interviews mit den Jungen nur halb so lang gedauert haben, wie die mit den Mädchen und den SozialarbeiterInnen/SozialpädagogInnen. Die Antworten der Jungen waren in der Regel sehr kurz gehalten, sodass vermehrt nachgefragt werden musste. Es kann eine Vielzahl an Gründen für dieses Ergebnis geben. Die genaue Ursache kann an dieser Stelle nicht geklärt werden. Jedoch gibt es zwei wesentliche Gründe, welche die Ursache sein könnten. Einerseits ist der Durchschnittsmann generell ungesprächiger als die Durchschnittsfrau. Andererseits könnte das weibliche Geschlecht der Verfasserin als Interviewerin sich hemmend ausgewirkt haben, da die Jungen es kulturell nicht gewöhnt sind, dass eine Frau das Gespräch führt.

Zudem ist auffällig, dass sich die InterviewpartnerInnen zum Teil widersprochen haben. Einerseits gab es Widersprüche bezüglich der eigenen Aussagen, andererseits bezüglich der Anderer. Aufgrund dieser Tatsache wird die Verfasserin die Ergebnisse der einzelnen Kategorien zunächst nach der Inhaltsanalyse nach Mayring vorstellen und anschließend einen hermeneutischen Blick über die Interviews werfen, um weitere wichtige Aspekte und Zusammenhänge herauszuarbeiten. Diese Resultate werden in die Interpretation (vgl. 7) hineingearbeitet. Aus Zeitgründen kann eine vollständige hermeneutische Auswertung nicht durchgeführt werden. Es ist davon auszugehen, dass die Widersprüche innerhalb eines Interviews zum Teil aufgrund von Sprachschwierigkeiten entstanden sind.

Die Interviewten setzen je nach Erfahrungen thematische Schwerpunkte. Daher gibt es Kategorien, zu denen einzelne InterviewpartnerInnen keine Aussage gemacht bzw. andere Aspekte angesprochen haben.

6.2 Die Sozialisation/Erziehung türkischer Jugendlicher

Die Kategorie `Die Sozialisation/Erziehung türkischer Jugendlicher´ dient der Verdeutlichung, in welchem Kontext die Jugendlichen in der Familie aufwachsen. Hierzu gehören die Bedeutung des Familiensystems, die Bedeutung der Religion und die geschlechtsspezifische Erziehung.

6.2.1 Das Familiensystem

Für die Jugendlichen mit türkischem Migrationshintergrund nehmen die Familie und deren Zusammenhalt einen hohen Stellenwert ein.

> „Also bei uns legt man ganz ganz viel Wert auf die Familie, dass alle zusammenbleiben, dass sich alle untereinander kennen und immer wieder besuchen vor allem Ältere. "
> (G2 / Mädchen_01 / 104-104)[6]

Aufgrund des starken Zusammenhaltes der Familie, werden Probleme häufig innerhalb der Familie besprochen und nicht nach außen getragen. Für die Jugendlichen sind daher in der Regel Schwestern, Cousinen, etc. eher AnsprechpartnerInnen als Freunde.

> „Da erlebe ich schon auch immer so so, wenn ich dann so frage, wer ist denn wichtig in deinem Leben, dann ist es viel mehr Familie wie Freunde. Das ist dann schon. Auch wenn ich frage, wer ist denn so Ansprechpartner bei Problemen. Dann sind es häufig Schwestern und Cousinen. Wo ich so merke, dass deren Familienzusammenhalt auch etwas sehr Tragendes ist oder auch etwas sehr Wichtiges für die ist. So dass die eher so nach außen gehen, das ist gar nicht so wichtig ist oder gar der Bedarf gar nicht so da ist vielleicht. "
> (G1 / Experte_02 / 136-136)

Durch die starke Bindung mit der Familie ist es bei türkischen Jugendlichen nicht üblich in jungen Jahren aus dem Elternhaus auszuziehen. In der Regel ist erst mit der Heirat ein Umzug in eine eigene Wohnung vorgesehen. Ausnahmen hierfür stellen die Ausbildung oder das Studium in entfernteren Städten dar.

> „Oder so Sachen oder also dass bei uns vor allem dass bei uns alle zusammenbleiben. Also ich kenne bei den Türken keinen, der einfach sagt, ich bin 18 und ziehe aus. Das ist bei uns üblich, dass man erst, wenn man heiratet, auszieht. Man bleibt halt zusammen, weil das ist. Ok, wenn man irgendwo anders studiert oder wenn man weg

---

[6] Siehe auch (G1 / Experte_02 / 42-42), (G2 / Mädchen_01 / 112-112) und (G3 / Junge_03 / 118-118).

muss wegen der Arbeit oder so, das ist etwas ganz anderes. Aber so ist man eigentlich immer zusammen."
(G2 / Mädchen_01 / 104-104)

6.2.2 Die Bedeutung der Religion

Die Religion nahm bei der Erziehung der Jugendlichen eine unterschiedliche Bedeutung ein. In einigen Familien fand lediglich eine religiös-traditionelle Erziehung statt.

"Nee, nur traditionell."
(G3 / Junge_02 / 72-72)

Andere Jugendliche wurden religiös-traditionell und modern erzogen.

"Teils auch modern, eigentlich beides."
(G3 / Junge_01 / 52-52)

Dies hängt unter anderem mit dem Migrationszeitpunkt der Eltern zusammen.

"Ich glaube beides. Da mein Vater hier groß aufgewachsen äh groß geworden ist, er ist mit 10 Jahren hier hergekommen, und er hat halt auch schon beides. Ich meine, er lebt schon auch so wie ein Moslem, aber auch so wie praktisch er hast er hat sich schon auch angepasst. Es ist nicht so, dass er jetzt so nur ähm nur als Moslem hier lebt, sondern er weiß halt, ähm, ok, modern in dem Sinne hmm gute Frage so modern, modern?"
(G2 / Mädchen_01 / 42-42)

Allgemein lässt sich aber festhalten, dass die Religion in der Erziehung bei fast allen Jugendlichen wichtig war. Die Bedeutung der Religion und die dazugehörigen Pflichten wurden den Jugendlichen von den älteren Familienmitgliedern vorgelebt. Die Entscheidung ein Kopftuch zu tragen erfolgte allerdings freiwillig.

"Gute Frage. Also ich bin mit der Religion aufgewachsen. Meine Familie, meine Eltern auch so, wir haben eigentlich keinen in der Familie, die jetzt andere Religionen lebt. Alle sind bei uns"
(G2 / Mädchen_01 / 26-26)[7]

Der Besuch einer Koranschule ist eine wichtige Ergänzung zur religiösen Erziehung der Eltern.

---

[7] Siehe auch (G2 / Mädchen_01 / 30-30), (G2 / Mädchen_01 / 36-36), (G1 / Mädchen_01 / 90-90), (G2 / Mädchen_02 / 144-144), (G2 / Mädchen_02 / 150-150) und (G3 / Junge_02 / 59-60).

6 Darstellung der Ergebnisse

„Als ich noch klein war, wir waren in Moschee wie Schule und wir lernen wie Schule. Wir lernen über Koran und was man wichtig, was man äh darf man machen oder nicht."
(G2 / Mädchen_02 / 58-58)[8]

Lediglich bei einem männlichen Jugendlichen hatte die Religion eine geringere Bedeutung in der Erziehung. In diesem Fall war es den Eltern wichtiger, dass sich ihr Sohn an die deutsche Kultur anpasst. Er war nicht in einer Koranschule. Diese offene Haltung zeigt sich auch darin, dass die Eltern nichts dagegen haben, dass ihr Sohn mit einer Italienerin ein Kind hat und dieses christlich taufen lies.

„Und ich habe jetzt nicht, sage ich mal, jetzt habe ich auch ein Kind. Meine Freundin ist halt Italienerin und die wollte halt, dass das Kind halt getauft wird. Da haben meine Eltern auch nichts gesagt."
(G3 / Junge_03 / 62-62)[9]

6.2.3 Geschlechtsspezifische Erziehung

Bei der Frage nach der geschlechtsspezifischen Erziehung in der Familie äußerten sich die Jugendlichen zunächst nicht eindeutig. Im Allgemeinen lässt sich festhalten, dass in türkischen Familien Mädchen weniger Rechte haben als Jungen.

„Wir Männer haben immer mehr Rechte als."
(G3 / Junge_01 / 76-76)

In einigen Punkten wird kein Unterschied zwischen Mädchen und Jungen gemacht, da auf die Vernunft der Mädchen gesetzt wird, zu wissen was richtig und falsch ist. Die Unterschiede beziehen sich vor allem auf das abendliche Weggehen. Es wird davon ausgegangen, dass sich Mädchen nicht so gut wehren können. Um sie zu schützen, müssen sie früher zu Hause sein als die Jungen. Auch der Besuch eines Fitnessstudios ist türkischen Mädchen verboten, da sie dort von fremden Männern angesehen werden.

„Der Junge gehört mehr Sachen oder der kriegt mehr. Eigentlich kriegt meine Schwester auch was sie will, aber ich darf halt länger raus gehen, darf halt machen schon, was ich will, aber nicht halt Rauchen und so."
(G3 / Junge_01 / 80-80)[10]

---

[8]   Siehe auch (G2 / Mädchen_02 / 72-72).
[9]   Siehe auch (G3 / Junge_03 / 40-40), (G3 / Junge_03 / 110-110) und (G3 / Junge_03 / 197-198).
[10] Siehe auch (G2 / Mädchen_01 / 72-72), (G3 / Junge_01 / 78-78), (G3 / Junge_02 / 116-120), (G3 / Junge_02 / 122-122), (G3 / Junge_03 / 70-70) und (G3 / Junge_03 / 76-76).

Die Einhaltung der religiösen Pflichten gilt für Männer und Frauen gleichermaßen. Bei Männern wird allerdings häufig eine Ausnahme gemacht.

> *„Oder trotz dessen, dass in unserer Religion für beide Geschlechter nicht erlaubt ist äh Sex zu haben, machen es Jungs trotzdem. Und Mädchen dann irgendwie, dann heißt es, mm und die dürfen das nicht. Und Jungs dürfen es eigentlich genauso nicht. Ich meine es gibt Familien, die wirklich so die Kinder so erziehen, und es gibt Familien, die halt so mal anders erziehen. Und die denken halt ok bei Jungs ist es sowieso nicht so schlimm und das sieht ja auch keiner und die sind Jungs.“*
> (G2 / Mädchen_01 / 72-72)

Vor dem 18. Lebensjahr dürfen die Mädchen keinen Freund haben. Der zukünftige Mann sollte Türke sein.

> *„Also die dürfen keinen Freund haben bis also wenn sie jung sind, wenn sie noch jung sind.“*
> (G3 / Junge_02 / 132-132)[11]

Wie stark die Mädchen in ihren Freiheiten eingeschränkt werden, hängt auch von dem Verhältnis zwischen ihnen und ihren Eltern ab.

> *„Also mein Vater hat mir noch nie so groß etwas verboten. Ich durfte schon immer mit auf Ausflüge und keine Ahnung wenn ich mal weg wollte, durfte ich auch schon. Nur er muss halt wissen, wo ich bin. Er hat halt immer gesagt, „Sag mir wo du bist und mit wem, wann du heim kommst“. Und ich glaube er hat mir auch irgendwie vertraut, weil ich einfach ihn nicht angelogen habe.“*
> (G2 / Mädchen_01 / 74-74)[12]

Einer der Fachkräfte der Sozialen Arbeit sieht die geschlechtsspezifische Erziehung weniger von der Religion als von der Tradition abhängig. Für die Mädchen stellt dies eine Belastung dar.

> *„Aber da war es schon äh so, dass ähm eine Reihe junger Frauen schon ähm, ja würde ich sagen, gelitten haben zwischen der Enge, die erwünscht war vom vom familiären Umfeld, der Orientierung an der zukünftige Rolle in der Familie oder als Frau und Mutter, und dem Bedürfnis eben auch eher hier ein Leben zu führen wie*
> *I: wie die anderen.*
> *B: wie die anderen Deutschen oder sonst irgendwelchen. Aber eben immer, sage ich immer, ich habe eher den Eindruck, es kommt davon von ob die Leute sehr traditionell geprägt sind oder eben modern und weniger begründet in der Religion.“*
> (G1 / Experte_01 / 62-64)

---

[11] Siehe auch (G3 / Junge_01 / 76-76).
[12] Siehe auch (G2 / Mädchen_01 / 74-74).

Eine der befragten Mädchen lehnt eine geschlechtsspezifische Erziehung ihrer eigenen Kinder ab. Sie möchten diese gleichberechtigt behandeln und zu nichts zwingen.

„Ich bin absolut nicht dafür und wenn ich später eine Tochter habe, die sagt, „Mama nee, also ich lebe in Deutschland und ich will das nicht" trotz dessen, dass ich ihr alles erklärt habe, dann kann ich sie auch werde ich sie auch niemals dazu zwingen so etwas zu tun, weil man muss sich wohl fühlen."
(G2 / Mädchen_01 / 90-90)[13]

---

[13] Siehe auch (G2 / Mädchen_01 / 72-72).

6.2.4 Ergebnisse der Kategorie 1 im Vergleich

Ein Vergleich der Aussagen der drei Gruppen (Experten – G1, Mädchen – G2 und Jungen – G3) ergibt in der Kategorie 1 `Die Sozialisation/Erziehung türkischer Jugendlicher´ folgendes Ergebnis:

Experten (G1)	Mädchen (G2)	Jungen (G3)
`Das Familiensystem´	`Das Familiensystem´	`Das Familiensystem´
Die Familie und deren Zusammenhalt sind sehr wichtig.	Die Familie und deren Zusammenhalt sind sehr wichtig.	Die Familie und deren Zusammenhalt sind sehr wichtig.
Probleme werden eher innerhalb der Familie besprochen.		
`Die Bedeutung der Religion´	`Die Bedeutung der Religion´	`Die Bedeutung der Religion´
Keine Aussage	Sie sind mit der Religion aufgewachsen. Die Religion hat eine große Bedeutung. Die Mädchen wurden z.T. modern erzogen.	Die Bedeutung der Religion in der Erziehung ist unterschiedlich. Die Jungen wurden z.T. modern erzogen.
`Geschlechtsspezifische Erziehung´	`Geschlechtsspezifische Erziehung´	`Geschlechtsspezifische Erziehung´
Die geschlechtsspezifische Erziehung ist für die Mädchen im Alltag eine Belastung. Sie ist weniger abhängig von der Religion als von der Tradition.	Mädchen haben weniger Freiheiten um sie zu schützen. Das Ausmaß der Strenge der Eltern kommt auf das Verhältnis zwischen den Eltern und der Tochter an. An die religiösen Pflichten müssen sich Jungen und Mädchen im Alltag nicht in gleichem Maße halten. Eine der Befragten möchte ihre eigenen Kinder gleichberechtigt erziehen.	Mädchen haben weniger Rechte und Freiheiten. An die religiösen Pflichten müssen sich Jungen und Mädchen nicht in gleichem Maße halten. In manchen Bereichen werden Jungen und Mädchen gleichberechtigt erzogen.

6.3 Muslimische Jugendliche mit türkischem Migrationshintergrund

Da im Mittelpunkt der zugrunde liegenden Arbeit Jugendliche mit türkischem Migrationshintergrund stehen, soll die Kategorie `Muslimische Jugendliche mit türkischem Migrationshintergrund´ diese unter verschiedenen Aspekten betrachten, die für die Jugendberufshilfe von Bedeutung sein könnten. Hierzu gehören die Bedeutung der Religion für die Jugendlichen und deren Bedeutung für den Alltag, das Wissen über den Islam, die Identität der Jugendlichen, das Kopftuch, und die Unterschiede zwischen muslimischen Jugendlichen.

6.3.1 Die Bedeutung der Religion

Die Bandbreite in der türkischen Bevölkerung bezüglich der Bedeutung ihrer Religion ist sehr groß. Es lassen sich keine allgemeinen Aussagen machen.

> „Und dann ist natürlich die Bandbreite sehr groß. Also ich finde es immer sehr schwierig das zu verallgemeinern. Jetzt auch jetzt auch innerhalb der türkischen Gemeinschaft gibt es alles. Da gibt es wirklich sehr religionsferne Leute. Es gibt Leute, die sind sehr gläubig, teilweise noch einmal abhängig davon was für einer Glaubensrichtung sie angehören, Aleviten oder Sunniten. Ähm. Ja und es gibt Leute, die sehr aus sehr traditionellen Verhältnissen kommen. "
> (G1 / Experte_01 / 56-56)

Türkische und allgemein muslimische Jugendliche zeigen einen großen Respekt gegenüber Religionen. Im Verhältnis zu deutschen Jugendlichen tritt die Religion mehr zum Vorschein und hat eine größere Bedeutung.

> „Ha, meine Religion hat für mich äh verschiedene Bedeutung und große Bedeutung. Äh meine Religion, ich kann ohne Religion nicht denken. "
> (G2 / Mädchen_02 / 38-38)[14]

Die religiösen Pflichten wie beten, in die Moschee gehen oder Koran lesen werden von den befragten Jugendlichen eingehalten.

> „Also beten gehe ich auch oft in die Moschee und so. "
> (G3 / Junge_01 / 48-48)[15]

Für Jugendliche mit türkischem Migrationshintergrund, die dem laizistischen Ideal der Türkei nachstreben (Unterordnung der Religionsausübung unter den Staat), nimmt die Religion eine geringere Bedeutung ein.

---

[14] Siehe auch (G1 / Experte_01 / 56-56), (G1 / Experte_02 / 36-36), (G2 / Mädchen_02 / 26-26), (G3 / Junge_01 / 40-40), (G3 / Junge_02 / 66-66) und (G3 / Junge_03 / 30-30).

[15] Siehe auch (G2 / Mädchen_01 / 28-28) und (G2 / Mädchen_02 / 45-46).

„Ähm da gibt es Leute, die ganz stark diesem laizistischen Ideal von der Türkei nach-
streben und für die eine Religion eben eine ganz untergeordnete Rolle hat."
(G1 / Experte_01 / 58-58)

Generell ist es wichtig zwischen der Religion an sich und lokalen Kulturen zu unterschieden. Bei vielen muslimischen Jugendlichen haben die lokalen Kulturen eine
größere Bedeutung als die Religion. Die Kulturen werden allerdings als Teil der
Religion dargestellt.

> *„I: Liegt da der Schwerpunkt schon auf den lokalen Kulturen oder mehr auf wirk-*
> *   lich das, was Religion ist?*
> *B: Ich glaube eher auf den lokalen Kulturen."*
> (G1 / Experte_01 / 115-116)

Die Jugendlichen übernehmen zwar die Religion der Eltern, setzen sich aber zum
Teil kritisch damit auseinander. Daraus resultierende Meinungsverschiedenheiten
können auch zu Problemen zwischen den Eltern und Jugendlichen führen.

> *„Also es ist schon so, wenn mir jetzt irgendetwas nicht passt, dann sage ich das auch*
> *ganz offen. Und auch wenn mein Vater sagt, das gehört dazu und es ist so, dann ähm*
> *kann ich schon sagen, „Du Papa ok es kann so sein, aber ich stimme da einfach nicht*
> *zu oder ich denke nicht so und ich will das auch nicht so machen." Manchmal sagt er*
> *dann ok und manchmal auch nicht. Also es gibt schon, manchmal gibt es Sachen ähm,*
> *da kriegt man halt schon so ein bisschen Probleme mit den Eltern, weil die denken*
> *halt mein Vater wurde halt anders erzogen wie ich."*
> (G2 / Mädchen_01 / 60-60)[16]

6.3.2 Die Bedeutung der Religion für den Alltag

Die hohe Bedeutung der Religion für die Jugendlichen macht sich im Alltag sehr
unterschiedlich bemerkbar. In der Einhaltung der religiösen Pflichten ist keine ein-
heitliche Linie vorhanden.

> *„Also spannend vielleicht noch als Beispiel, dass wenn wir auf die Hütten fahren zwei*
> *Tage, das fällt immer klassischerweise immer in den Ramadan rein. Einfach von der*
> *Zeit her, weil das halt September, Oktober ist, da ist immer Ramadan. Und das ma-*
> *chen wir immer da, weil da ist Schuljahresbeginn. Es macht nur Sinn es da zu ma-*
> *chen. Und da ist es schon immer schon immer spannend, dass wir da immer vorher*
> *mal abfragen die Klassen, wer isst denn ähm kein Schwein, dementsprechend auch*
> *einkaufen natürlich dann auch, oder wenn wir uns absolut immer darauf gucken, was*
> *essen die und da auch Jugendliche haben, die den Ramadan ganz verschieden leben.*
> *Also manche dann sehr streng sind und wirklich so dann morgens um fünf aufstehen*
> *und das so. Manche die sagen, „Ach, ich mach hier mal eine Pause vom Ramadan*
> *und esse dann auch mit". Manche die sagen, „Ich mache eine Pause, aber hole es*

---

[16] Siehe auch (G2 / Mädchen_01 / 36-36) und (G3 / Junge_01 / 66-66).

---

nach". Und manche die sagen, „Ok, wenn ich jetzt zwei Tage jetzt hier mitesse, muss ich zwei Tage länger Ramadan"
(G1 / Experte_02 / 64-64)[17]

Dabei haben die religiösen Pflichten im Alltag bei den Mädchen eine größere Bedeutung als bei den Jungen.

„Also ich habe noch nie Alkohol äh getrunken und ähm, weil es bei uns verboten ist Alkohol zu trinken. Und ich hab eigentlich kein Problem damit bis jetzt."
(G2 / Mädchen_01 / 116-116)

„Also Pflichten gibt es bei uns, naja, so ganz normal, also eigentlich nicht. Also zum Beispiel ich darf ja, wenn ich will auch rauchen oder Alkohol trinken. Aber eigentlich ist es schon verboten bei uns Muslimen Alkohol zu trinken."
(G3 / Junge_01 / 44-44)

Die Jugendlichen umgehen auch einige Regeln heimlich bzw. verhalten sich außerhalb der Moschee anders als sie es innerhalb der Moschee tun.

„Aber ich rauch halt. Ich darf nicht rauchen, aber ich mache es trotzdem heimlich und. Manche Sachen da kann man halt nicht unbedingt alles machen was der Vater oder die Mutter sagt. Man macht es schon mal heimlich. Klar."
(G2 / Mädchen_01 / 62-62)[18]

„Da muss man halt, wenn man in die Moschee geht, muss man auch sauber sein. Da muss man auch duschen, darf man gar nichts Schlimmes machen, auch keine Mädchen angucken, keine blöden Wörter sagen. Also bis man in die Moschee gegangen sind. Danach darf man wieder halt so sein wie man ist, aber muss nicht sein."
(G3 / Junge_01 / 48-48)

Einige der MigrantInnen aus der Türkei leben sehr traditionell. Dies ist weniger von der Religion abhängig, als von der Gegend, dem familiären Umfeld oder der Bildungsschicht, aus der/dem sie kommen.

„Und ich finde es da auch oft schwierig, wenn man sagt, das ist der Islam. Deswegen sind die so rückständig und sperren ihre Frauen ein und lassen die ein Kopftuch tragen. Ich erlebe es eigentlich weniger von der Religion abhängig, sondern aus der Gegend, aus der aus dem familiären Umfeld, aus der Bildungsschicht, aus der sie kommen. Da gibt es einfach sehr eben sehr traditionell lebende Leute und da hat die Religion eher eine größere Rolle, aber oft auch oft unreflektiert."
(G1 / Experte_01 / 56-56)

In der Jugendberufshilfe zeigt sich die Bedeutung der Religion für Jugendliche mit türkischem Migrationshintergrund auf unterschiedlichen Ebenen: Die muslimischen Jugendlichen haben zum einen Interesse an einem Religionsunterricht. Im Verhältnis zu den deutschen Jugendlichen würden sie diesen ernster nehmen. Dies

---

[17] Siehe auch (G3 / Junge_02 / 54-54) und (G3 / Junge_03 / 31-32).
[18] Siehe auch (G2 / Mädchen_01 / 62-62).

zeigt sich bereits am angebotenen Ethikunterricht, an dem viele muslimische Jugendliche teilnehmen.

> *„Aber wenn man jetzt irgendwie einen einen Klassenverband, der Vollzeit in irgendeiner Art und Weise durchaus auch berufsvorbereitend das wäre, also berufsvorbereitende Maßnahme, und wenn da jetzt zum großen Teil muslimische Jugendliche wären, könnte ich mir vorstellen, dass durchaus Interesse da wäre auch so eine Art Religionsunterricht, wenn man das anbieten würde und dass das ernster genommen würde auch von den Leuten, die nicht so viel damit am Hut haben wie jetzt an der Berufsschule der deutsche Religionsunterricht ernst genommen wird."*
> (G1 / Experte_01 / 92-92)[19]

Zum anderen macht sich der religiöse Hintergrund auch bei der Begegnung mit der Rolle als Mann und Frau bemerkbar. Es zeigt sich, dass die Mädchen in der Freizeitgestaltung eingeschränkt sind. Einige Mädchen dürfen sogar fremden Männern nicht die Hand geben.

> *„Ähm ich erlebe es schon auch im Zusammen Zusammenkommen von Jungs und Mädchen, also dieses Begegnen meiner Rolle als Frau und als Mann, dass es da einfach eine Rolle spielt, was für einen Hintergrund haben die, was für einen religiösen Hintergrund haben die. Und auch generell in ihrem ja Freizeitverhalten. So. Also da höre ich jetzt von den türkischen Jugendlichen, da ist da ist keiner irgendwie im Volleyball oder, gut die Jungs zum Teil Fußballspielen, das dann schon. Aber die Mädchen finde ich da schon auch sehr eingeschränkt von dem was sie einfach dürfen."*
> (G1 / Experte_02 / 58-58)[20]

Durch den starken Einfluss des Glaubens wird das Handeln der Jugendlichen beeinflusst.

> *„Ich muss alle Seiten denken und aufpassen und manchmal dran denken, weil äh Religion äh bei mir ist die Wichtigste."*
> (G2 / Mädchen_02 / 38-38)[21]

Lediglich für einen der befragten Jugendlichen hat die Religion im Alltag wenig Bedeutung, da er sich an die deutsche Kultur anpasst.

> *„Wo sie sich bemerkbar macht? Eigentlich fast das nur in der Familie oder wenn ich ins kurdische Zentrum gehe, sonst hat sich jetzt so mehr, ist weggegangen halt. Das ist nicht mehr so. Passt man sich jetzt hier an die deutsche Kultur so fast gut an, sage ich mal jetzt. Nicht mehr so halt der Religion nach."*
> (G3 / Junge_03 / 34-34)

---

[19] Siehe auch (G1 / Experte_01 / 92-92).
[20] Siehe auch (G2 / Mädchen_02 / 40-40).
[21] Siehe auch (G2 / Mädchen_02 / 44-44).

6 Darstellung der Ergebnisse

6.3.3 Wissen über den Islam

Der Wissensstand über den Islam ist bei muslimischen Jugendlichen sehr unterschiedlich. Einige Jugendliche sind nur sehr oberflächlich, klischeehaft und damit zu wenig informiert. Diese Ansicht wird von den Fachkräften der Sozialen Arbeit und den Jugendlichen gleichermaßen geteilt. Lediglich einer der Jugendlichen behauptet von sich genug über den Islam zu wissen.

> *"Teils teils. Also sicher eine Reihe von Leuten, die eigentlich nicht so informiert sind nur eben so oberflächlich klischeemäßig äh informiert sind, wie man das natürlich auch über viele deutsche Jugendlichen trotz Religionsunterricht sagen kann."*
> (G1 / Experte_01 / 92-92)[22]

> *"Ja, ich weiß auch zu wenig."*
> (G3 / Junge_02 / 148-148)[23]

> *"Bei mir, ich will eigentlich, sage ich mal, nicht so viel wissen eigentlich. Ich bin eigentlich hier jetzt aufgewachsen und ich will jetzt nicht so sagen, ich will das über Islam wissen. Ich weiß eigentlich meine Religion und das eigentlich, das reicht mir schon. Ich will da mehr wissen. Ich bin hier aufgewachsen und das reicht, wenn ich von der deutschen Kultur weiß was ist. Und das reicht eigentlich."*
> (G3 / Junge_03 / 78-78)

Dieses geringe Wissen zeigt sich auch darin, dass die Mädchen keine klare Begründung für das Tragen des Kopftuches geben können.

> *"Und ich habe erlebt, die haben das Kopftuch dann angezogen. Also das war dann auch so, wo ich gedacht habe uhh. Die, wenn ich dann nachgefragt habe, "Wie kommt denn das jetzt irgendwie", dann mit einem Schulterzucken sagen, "Ach so halt". Wenn ich dann nachfrage ähm, "Wollten deine Eltern das?", dann kommt auch so wischiwaschi an. Oder ich kriege da auch so wenig wenig Aussagen eigentlich."*
> (G1 / Experte_02 / 190-190)

Eine/r der SozialarbeiterInnen/SozialpädagogInnen stellt sich die Frage, woher die Jugendlichen Wissen über den Islam haben sollten, da die Eltern das Wissen nicht unbedingt vermitteln können. Nicht alle Jugendlichen besuchen zudem eine Koranschule in der Moschee, in der sie etwas über den Islam lernen können.

> *"Ich frage mich, woher sollen sie es denn wissen auch? Also ich glaube nicht, dass der Reliunterricht hier in Freiburg in der Grund- und Hauptschule sag ich mal. Ich glaube schon, dass die alle den Islam mal streifen und das so wie ich es auch erlebt habe auf dem Gymnasium das schon einmal mitgekriegt, was heißt denn das. Ähm, aber ich glaube nicht so, dass es wirklich Islamunterricht ist wie es glaube ich in anderen Städten oder Bundesländern ähm der Fall ist. Und ob die Eltern das leisten*

---

[22] Siehe auch (G1 / Experte_01 / 64-64) und (G1 / Experte_02 / 66-66).
[23] Siehe auch (G2 / Mädchen_02 / 198-198), (G2 / Mädchen_02 / 72-72) und (G2 / Mädchen_02 / 114-114).

*können, das weiß ich nicht. Und ob sie ihre Kinder in die Sonntagsschule schicken,
dass weiß ich auch nicht, ob die das wirklich so machen."*
(G1 / Experte_02 / 76-76)

Da sich die Jugendlichen, nach Ansicht der Fachkräfte der Sozialen Arbeit, auch
nicht unbedingt selbst über den Islam informieren, könnte es sinnvoll sein einen
Islamunterricht einzuführen.

*„Ob die mehr wissen wollen? Ich denke, wenn sie es wissen wollten, würden sie sich
vielleicht ja selber drum kümmern. Nee, auch nicht wahrscheinlich. Ja, ich glaube so
lang also schon auch die Frage, ob nicht diese religiöse Bildung in der Schule auch
einen Platz hat, sprich wirklich auch mit ähm Islamunterricht also anstatt."*
(G1 / Experte_02 / 68-68)

Die Mehrheit der Jugendlichen[24] hat das Wissen über den Islam durch die Eltern
und den Besuch einer Koranschule erworben.

*„Es ist nicht nur so, dass ich es halt von meinen Eltern habe, sondern ich habe auch
viel von meinen Lehrern und Lehrerinnen dort mitbekommen, auch viel aus dem Koran rausgeholt auch übersetzte."*
(G2 / Mädchen_01 / 32-32)[25]

Der Besuch der Moschee und der Koranschule werden als wichtige Ergänzung zu
der Wissensvermittlung der Eltern gesehen. Zum einen ist die Bildung mancher
Eltern niedrig. Sie können nicht lesen und schreiben, weswegen sie den Koran
nicht selber studieren konnten, sondern ihr Wissen durch die mündliche Weiterga-
be erworben haben. Zum anderen haben viele Eltern keine Zeit für die Vermittlung,
da sie arbeiten, oder weitere jüngere Kinder haben, die viel Zeit in Anspruch nehmen.

*„B: Die die Eltern, viele Eltern, wo ich wo ich gekommen zum Beispiel mein Dorf,
die können nicht schreiben, die können nicht lesen, einfach hören, was sie gehören einfach äh weiterführen. Weißt du, die wissen äh nicht alles hundert prozen-
tig richtig. Manchmal ich streite mit meiner Mutter, weil sie hat keine Ahnung.
Jetzt ich kann lesen und ich kann alles ähm suchen oder untersuchen, wie sagt
man das? Äh zum Beispiel über ein Thema.*
I: Ja, du kannst dich informieren.
*B: Ja. Informieren. Und ich kann alles sagen, ja das ist das ist hundert Prozent
richtig. Aber meine Mutter, das kann sie nicht sagen, weil sie wissen nicht alles.
Sie hat nicht selber gelesen. Sie hat einfach gehören. Was hat sie die Moschee*

---

[24] Hiermit ist die Mehrheit des Samples der vorliegenden Forschung gemeint. Damit kann nicht auf
die Mehrheit aller türkischen Jugendlichen geschlossen werden.
[25] Siehe auch (G2 / Mädchen_01 / 84_84), (G2 / Mädchen_02 / 74-74), (G3 / Junge_01 / 86-86)
und (G3 / Junge_02 / 150-150).

äh, was hat sie gehört einfach das."
(G2 / Mädchen_02 / 106-108)[26]

Ein Vorzug der so genannten ErzieherInnen in der Moschee liegt darin, dass die Jugendlichen nicht alle Themen mit ihren Eltern besprechen möchten.

„Also immer wenn ich Fragen hatte, bin ich halt zu denen. Die haben es mir erklärt und gezeigt wie und warum und weswegen. Und dann war es halt für mich immer praktisch, weil es gibt auch Fragen, die man nicht unbedingt die Eltern fragen will und muss. Und man konnte ich halt zu denen und also ich finde es gut, dass man so jemanden hat, die eigentlich viel davon Bescheid weiß und einfach Fragen stellen kann egal was und die das dir dann einfach erklären. So dann hast du auch ein besseres Gefühl und weißt wieso du das machst. Und dann ist alles eigentlich ganz ok."
(G2 / Mädchen_01 / 80-80)

Der Islam wird den Jugendlichen von den Eltern vorgelebt und zum Teil wieder durch diese übernommen. Die Jugendlichen versuchen aber im Koran nachzulesen und sich eine eigene Meinung zu bilden. Sie betonen, dass es wichtig ist, sich selbst zu informieren.

„Nein, also ich bin jetzt nicht unbedingt so ein Mensch, die sagt, ja wenn es Papa sagt, dann ist es richtig. Ich schaue schon hin, ok, steht das auch wirklich im Koran? Ist das auch wirklich so? Und soll man wirklich so leben? Und wenn es mir nicht passen würde, dann könnte ich auch sagen, Gott ich mach es halt. Ich meine, wer will es mitkriegen?"
(G2 / Mädchen_01 / 40-40)[27]

6.3.4 Identität

Aus Sicht der Fachkräfte der Sozialen Arbeit spielt die Nationalität für die Identitätsentwicklung eine größere Rolle als die Religion. Vor allem bei Kurden besteht eine starke Identifikation mit dem Kurden sein.

„Also jetzt bei vielleicht gerade die Kurden oder auch teilweise irgendwelche ähm politisch in Ungnade gefallenen Leute oder Kinder von von politischen Flüchtlingen aus der Türkei, die haben natürlich eine eine wesentlich weniger geringere bis keine Identifikation für sich als als Türken. Aber bei den Kurden ist es eigentlich um so ausgeprägter, dass sie sich als Kurden identifizieren. Und ob sie dann jetzt wieder religiös sind, Aleviten sind oder Sunniten oder so, das kommt nachrangig."
(G1 / Experte_01 / 88-88)[28]

---

[26] Siehe auch (G2 / Mädchen_01 / 78-78), (G2 / Mädchen_01 / 82-82) und (G3 / Junge_03 / 141-142).
[27] Siehe auch (G2 / Mädchen_01 / 56-56), (G2 / Mädchen_02 / 86-86) und (G3 / Junge_01 / 84-84).
[28] Siehe auch (G1 / Experte_02 / 62-62).

Dennoch ist die Religion ein wichtiger Bestandteil bei der Identitätsentwicklung muslimischer Jugendlicher. Im Vergleich zur Religion deutscher Jugendlicher nimmt sie eine größere Bedeutung ein.

> *„Welche Bedeutung hat Ihrer Meinung nach die Religion für die Identitätsbildung für die türkischen Jugendlichen oder muslimischen Jugendlichen?*
> *B: Teils teils, unterschiedlich, unterschiedlich. Ich mag ich mag es nicht verallgemeinern. Für manche Leute ist es eine eine hat es eine große Bedeutung, mit Sicherheit eine große Bedeutung. Also mehr als jetzt ein deutscher Jugendlicher sich über das Christentum identifizieren könnte, also weit anders. Äh aber für andere Leute auch auch nicht.“*
> (G1 / Experte_01 / 79-80)[29]

Alle Jugendlichen wissen auf die Frage, mit was sie sich identifizieren, zunächst keine Antwort, da sie sich noch keine Gedanken darüber gemacht haben.

> *„Kann man nicht so sagen. Habe ich noch nie nachgedacht, wie ich mich beschreiben könnte.“*
> (G3 / Junge_01 / 106-106)[30]

Vereinzelt kommen sie, nach etwas Bedenkzeit, zu dem Schluss, dass sie sich als Türkin (Interviewte D.), Mitbürger in Deutschland (Interviewter F.) bzw. Mischung aus Kurden und Deutschem (Interviewter I.) bezeichnen würden.

> *„Ich ich würde mich bezeichnen als mehr Türke.“*
> (G2 / Mädchen_02 / 198-198)[31]

> *„Weiß ich nicht so genau. Ganz normal halt. Ich bin auch ein Mensch halt. Was soll ich sagen. Die Menschen sind alle gleich nur meine Religion ist anders wie in Deutschland. Hier gibt es ja Christen und wir sind ja. Ich würde einfach sagen Mitbürger in Deutschland. Einfach normaler Mitbürger.“*
> (G3 / Junge_01 / 106-106)

> *„B: Ja. Das sage ich nur mehr so auch Kurde Deutsche so. Da wenn ich mich schon anpasse und, sage ich mal auch, dass ich mich hier halt anpasse, dann*
> *I: Bist du so eine Mischung aus beidem?*
> *B: Ja, sage ich mal, so zu sagen.“*
> (G3 / Junge_03 / 98-98)

Durch das Aufwachsen in Deutschland können sich die Jugendlichen nicht eindeutig einer Gruppe zuordnen.

> *„Ich sage das nicht, dass ich 100 Prozent hier Kurde bin, weil das kann ja nicht sein, weil ich hier aufgewachsen bin. Dann kann ich nicht sagen, ich bin 100 Prozent hier*

---

[29] Siehe auch (G1 / Experte_02 / 58-58).
[30] Siehe auch (G2 / Mädchen_01 / 100-100), (G3 / Junge_03 / 182-182) und (G3 / Junge_03 / 92-92).
[31] Siehe auch (G2 / Mädchen_02 / 204-204) und (G2 / Mädchen_02 / 210-210).

Kurde eigentlich. So bin ich ja, aber wie ich jetzt hier aufgewachsen bin, kann ich ja nicht so gut. "
(G3 / Junge_03 / 100-100)

In Bezug auf den Umgang mit Moderne und Tradition im Allgemeinen sehen die Jugendlichen kein Problem. Zum Teil findet auch eine Anpassung an die deutsche Kultur statt.

„Eigentlich ist es für mich selbstverständlich, weil ich auch hier geboren bin. Und ich lebe ja auch in Deutschland. "
(G2 / Mädchen_01 / 50-50)[32]

„Ich passe mich eigentlich auch an, sage ich mal. Ich bin jetzt nicht, der sagt, nein, das geht nicht, sondern ich pass mich auch eigentlich an. Das ist halt bei mir so. "
(G3 / Junge_03 / 82-82)

6.3.5 Kopftuch

Ob die Frauen ein Kopftuch tragen, ist abhängig von der Religion. Alevitische Frauen tragen in der Regel keines. Die befragten Mädchen gehören den Sunniten an. Sie sind damit aufgewachsen, dass die weiblichen Familienmitglieder ein Kopftuch tragen

„Also ich habe es halt immer gesehen, meine Tanten, meine Mutter, Oma, Opa äh Oma. Opa nicht. Und haja irgendwann mal sagst du, ja, ich will auch. Also als kleines Kind, es gibt so viele Kinder, die sagen, „ Mama ich will auch Kopftuch tragen und so". Und irgendwann mal kriegst du das auch von deinen Erzieherinnen mit, wieso du das tragen möch mu eigentlich Pflicht ist. "
(G2 / Mädchen_01 / 90-90)[33]

Die Entscheidung ein Kopftuch zu tragen erfolgte freiwillig und in jungen Jahren.

„Ich habe es echt freiwillig gemacht. Aber mein Vater hat mich auch nie dazu gezwungen. Ich habe eine Schwester, die trägt keins. "
(G2 / Mädchen_01 / 90-90)[34]

---

[32] Siehe auch (G3 / Junge_01 / 116-116) und (G3 / Junge_02 / 74-74).
[33] Siehe auch (G3 / Junge_03 / 68-68).
[34] Siehe auch (G2 / Mädchen_02 / 58-58) und (G3 / Junge_01 / 40-40).

Die in Deutschland lebenden Muslime sollten ihre Kinder nicht dazu zwingen ein Kopftuch zu tragen.

> *„Hier in Deutschland darf man nicht sagen „Nein, du sollst mit Kopftuch, oder". Die Eltern auch darf man nicht sagen das."*
> (G2 / Mädchen_02 / 128-128)[35]

Das Kopftuch ist ein Zeichen der Religion und als Schutz vor fremden Männern zu sehen.

> *„[...] aber warum trage ich das? Wegen Muslim, wegen meiner Religion. Die Religion sagt, die Haare darf man nicht die fremde fremde Männer oder äh sehen"*
> (G2 / Mädchen_02 / 98-98)[36]

Die Mädchen sind stolz darauf in Deutschland ein Kopftuch tragen zu können und so angenommen zu werden. Das Kopftuch ist für sie wichtig. Die Befragte D. möchte nicht darauf verzichten.

> *„Also ich trage ja auch ein Kopftuch und ich bin auch irgendwie stolz darauf, dass ich ähm trotzdem, dass ich in Deutschland lebe ähm so frei sein kann erstens einmal, dass keiner etwas dagegen hat im Prinzip eigentlich und also ich mache das gerne. Ich bin so wie ich bin und alle nehmen mich halt so auf und es ist halt schön so. Ich kann meine Religion leben, trotzdem bin ich in Deutschland, trotzdem habe ich hier auch deutsche Freunde und auch türkische. Es ist ganz ok eigentlich so."*
> (G2 / Mädchen_01 / 26-26)[37]

6.3.6 Unterschiede zwischen muslimischen Jugendlichen

Die Gruppe der muslimischen Jugendlichen ist sehr heterogen.

> *„Die sind echt unterschiedlich."*
> (G2 / Mädchen_02 / 118-118)[38]

Die Jugendlichen unterscheiden sich darin, aus welcher türkischen Region sie stammen und in welcher Region sie in Deutschland leben.

> *„Also das ist mir schon wichtig das auch zu sagen, das einfach auch so diese also nicht nur unterschiedlich ist aus welchen Regionen in der Türkei kommen die Leute, sondern auch in welchen Regionen in Deutschland leben sie. Das es da noch einmal anders aussieht."*
> (G1 / Experte_01 / 180-180)[39]

---

[35] Siehe auch (G2 / Mädchen_01 / 90-90) und (G2 / Mädchen_02 / 126-126).
[36] Siehe auch (G2 / Mädchen_02 / 58-58).
[37] Siehe auch (G2 / Mädchen_02 / 310-310).
[38] Siehe auch (G1 / Experte_01 / 124-124) und (G3 / Junge_03 / 86-86).
[39] Siehe auch (G1 / Experte_01 / 176-176).

Zudem gibt es Unterschiede durch die Zugehörigkeit zur Religionsgruppe. Dabei liegen diese Unterschiede vor allem in der Auslebung der Religion.

„Also, es gibt Jugendliche, die sind genauso wie ich Moslems, Papa Türke, Mama Türke, auch Moslems, aber die leben das halt, ich meine man kann es lockerer nehmen und ein bisschen strenger und so leben. "
(G2 / Mädchen_01 / 88-88)[40]

Im alltäglichen Verhalten sind sich die muslimischen Jugendlichen allerdings sehr ähnlich.

„Und sonst also in meinem Erleben als Sozialarbeiterin, also deswegen habe ich vorher gefragt, ich weiß auch gar nicht immer so genau aus welchem Land die kommen. Ich weiß nur muslimisch oder nicht muslimisch. Ähm. Im Alltag sind die irgendwie alle gleich. "
(G1 / Experte_02 / 50-50)

In Deutschland geborene muslimische Jugendliche mit türkischem Migrationshintergrund versuchen die türkische Traditionen und die deutsche Moderne zu mischen, passen sich an die deutsche Kultur an und unterscheiden sich damit von den Jugendlichen in der Türkei.

„Aber hier die Jugendlichen, das ich kann nicht verstehen was die machen. Ganz mit Kopftuch, ganz schön, modern aber mit volle Schminke im Gesicht und äh"
(G2 / Mädchen_02 / 128-128)[41]

---

[40] Siehe auch (G1 / Mädchen_01 / 88-88), (G2 / Mädchen_02 / 68-68), (G3 / Junge_01 / 102-102) und (G3 / Junge_02 / 166-170).
[41] Siehe auch (G2 / Mädchen_02 / 168-168), (G2 / Mädchen_02 / 120-124), (G2 / Mädchen_02 / 170-170), (G2 / Mädchen_02 / 178-178), (G2 / Mädchen_02 / 180-180), (G2 / Mädchen_02 / 216-216) und (G2 / Mädchen_02 / 124-126).

6.3.7 Ergebnisse der Kategorie 2 im Vergleich

Ein Vergleich der Aussagen der drei Gruppen (Experten – G1, Mädchen – G2 und Jungen – G3) ergibt in der Kategorie 2 `Muslimische Jugendliche mit türkischem Migrationshintergrund´ folgendes Ergebnis:

Experten (G1)	Mädchen (G2)	Jungen (G3)
`Die Bedeutung der Religion´	**`Die Bedeutung der Religion´**	**`Die Bedeutung der Religion´**
Die Religion hat für die Jugendlichen eine sehr unterschiedliche Bedeutung. Muslimische Jugendliche haben mehr Respekt vor anderen Religionen. Lokale Kulturen sind wichtig.	Die Religion hat eine große Bedeutung. Die Einhaltung der religiösen Pflichten ist wichtig. Der Islam der Eltern wird zum Teil übernommen, aber auch kritisch hinterfragt.	Die Religion hat eine große Bedeutung. Der Islam der Eltern wird zum Teil übernommen, aber auch kritisch hinterfragt.
`Die Bedeutung der Religion für den Alltag´	**`Die Bedeutung der Religion für den Alltag´**	**`Die Bedeutung der Religion für den Alltag´**
Das traditionelle Leben hängt weniger mit der Religion als mit der Gegend, dem familiären Umfeld uns der Bildungsschicht zusammen. Es besteht Interesse an einem muslimischen Religionsunterricht. Die religiösen Pflichten werden unterschiedlich gelebt. Die Freizeitgestaltung der Mädchen ist eingeschränkt.	Die Religion beeinflusst das Handeln im Alltag. Einige Regeln werden heimlich umgangen.	Die religiösen Pflichten sind für Jungen im Alltag nicht so wichtig.

Experten (G1)	Mädchen (G2)	Jungen (G3)
`Wissen über den Islam´	**`Wissen über den Islam´**	**`Wissen über den Islam´**
In der Regel wissen die Jugendlichen zu wenig über den Islam. Islamunterricht an den Schulen wäre sinnvoll.	Das Wissen über den Islam erfolgte durch die Eltern und durch die Moschee. Sie übernehmen den Islam nicht blind von ihren Eltern. Es gibt viele muslimische Jugendliche, die zu wenig über den Islam wissen.	Das Wissen über den Islam erfolgte durch die Eltern, autodidaktisch und durch die Moschee. Es gibt muslimische Jugendliche, die zu wenig über den Islam wissen.
`Identität´	**`Identität´**	**`Identität´**
Die Identität wird zum Teil mehr über die Nationalität als über die Religion gewonnen.	Die Mädchen haben sich kaum Gedanken darüber gemacht, mit was sie sich identifizieren. Der Umgang mit Moderne und Tradition ist kein Problem.	Die Jungen haben sich kaum Gedanken darüber gemacht, mit was sie sich identifizieren. Der Umgang mit Moderne und Tradition ist kein Problem.
`Kopftuch´	**`Kopftuch´**	**`Kopftuch´**
Keine Aussage	Das Kopftuch zu tragen war eine freiwillige Entscheidung. Eltern sollten ihre Kinder nicht dazu zwinge ein Kopftuch zu tragen.	Das Tragen eines Kopftuches ist eine freiwillige Entscheidung oder wenn der Ehemann es möchte.
`Unterschiede zwischen Muslimischen Jugendlichen´	**`Unterschiede zwischen Muslimischen Jugendlichen´**	**`Unterschiede zwischen Muslimischen Jugendlichen´**
Muslimische Jugendliche sind eine heterogene Gruppe. Innerhalb der Gruppe der türkischen Jugendlichen in Deutschland kann es regional spezifische Unterschiede geben. Im Alltag sind muslimische Jugendliche sehr ähnlich.	Muslimische Jugendliche sind eine heterogene Gruppe. Jugendliche mit türkischem Migrationshintergrund in Deutschland unterscheiden sich von türkischen Jugendlichen in der Türkei.	Muslimische Jugendliche sind eine heterogene Gruppe.

6.4 Muslimische und christliche Jugendliche

In Bezug auf den Umgang mit der Vielfalt der Religionen betrachtet die Kategorie `Muslimische und christliche Jugendliche´ das Verhältnis und die Unterschiede zwischen diesen beiden Gruppen. Weiterhin dient diese Kategorie dazu zu überprüfen, wie groß das Interesse an der jeweils anderen Religion und am Austausch der Religionen ist.

6.4.1 Freunde

Die Mehrheit der befragten Jugendlichen hat Freunde aus der Türkei oder anderen muslimischen Ländern.

> *„Also es gibt verschiedene, Albaner, Zigeuner, Iraker, Kurden und so. Muslimische halt."*
> (G3 / Junge_03 / 130-130)[42]

Ein Grund hierfür liegt in der verbindenden Wirkung der gleichen Kultur, Religion oder des gleichen Heimatlandes.

> *„Das ist schon so, dass da, dass sich das auch die Leute untereinander suchen, die die gleiche Religion oder gleichen Hintergrund oder gleiche Kultur oder gleiches Herkunftsland haben."*
> (G1 / Experte_02 / 46-46)[43]

Weiterhin bringt die gleiche Herkunftssprache die Jugendlichen zusammen.

> *„Natürlich auch schon, es ist schon auch irgendwie verlockend, dann im Unterricht oder in der Pause sich was zuzuraunen in ihrer Herkunftssprache, weil das hören die anderen halt natürlich auch nicht."*
> (G1 / Experte_02 / 48-48)

Dieses Zusammenkommen muslimischer Jugendlicher wirkt sich auch auf die Beziehungen aus. Bei der Partnerwahl wird die eigene Nationalität bevorzugt, da es weniger kulturelle Unterschiede gibt.

> *„[...] wenn schon ein Freund von unserer Familie her. Nicht so einer von Italiener oder Deutscher. Das ist bei uns verboten. Das muss einer von unserer Familie sein, ein gut erzogener Junge. Die Familie muss auch gut erzogen sein. Die Familie müssen wir auch kennen. Es muss eine von uns sein, also von der Nationalität."*
> (G3 / Junge_01 / 76-76)[44]

---

[42] Siehe auch (G2 / Mädchen_01 / 64-64), (G2 / Mädchen_02 / 269-270), (G3 / Junge_03 / 251-254), (G3 / Junge_03 / 130_130) und (G3 / Junge_03 / 136-136).
[43] Siehe auch (G3 / Junge_03 / 53-54) und (G3 / Junge_03 / 90-90).
[44] Siehe auch (G2 / Mädchen_01 / 66-66).

Kurdische Jugendliche nehmen eine Unterscheidung zwischen türkischen und kurdischen Jugendlichen vor.

> *„Eigentlich nicht so, weil ich bin nicht so viel mit Türken oder so, eigentlich mehr so mit Kurden oder mehr Deutsche und eigentlich nicht so mit Türken."*
> (G3 / Junge_03 / 88-88)

Die Religion nimmt für die Freunde der Jugendlichen mit türkischem Migrationshintergrund eine unterschiedliche Bedeutung ein. Für die deutschen Freunde ist sie häufig nicht so wichtig. Für die meisten anderen Freunde ist die Religion genauso wichtig wie für die befragten Jugendlichen. Dennoch sagen die Interviewten, dass die Religion für die Auswahl ihrer Freunde keine Bedeutung hat.

> *„Fast wie ich große Bedeutung.*
> *I: Ok.*
> *B: Nicht alle, aber fast."*
> (G2 / Mädchen_02 / 296-298)[45]

> *„Aber ich also ich bin damit einverstanden. Ich kann nicht sagen ähm „Äh du denkst so und ich bin jetzt nicht mehr mit dir befreundet". Ich meine, das muss jeder selber entscheiden. Wenn sie sagt, ich kann es nicht sehen, dann sage ich, „Ok wenn du nicht daran glaubst, dann ist es ganz ok für mich. Ich akzeptiere es so wie es ist".*
> *Und sie soll mich dann auch so akzeptieren so wie ich bin."*
> (G2 / Mädchen_02 / 126-126)[46]

Freundschaften mit deutschen Jugendlichen sind eher seltener bzw. nicht so intensiv. Es fällt Jugendlichen mit türkischem Migrationshintergrund zum Teil schwer mit deutschen Jugendlichen Kontakt aufzunehmen.

> *„Türkische.*
> *I: Gut ok. Also keine aus anderen Länder oder aus Deutschland?*
> *B: Nee.*
> *I: Ok.*
> *B: Ich will, aber ich vielleicht ich bin auch nicht so ähm wie einfach Kontakt machen.*
> *Ich weiß nicht."*
> (G2 / Mädchen_02 / 274-278)

---

[45] Siehe auch (G2 / Junge_02 / 257-258) und (G3 / Junge_03 / 138-138).
[46] Siehe auch (G3 / Junge_02 / 234-234).

6.4.2 Verhältnis zwischen muslimischen und christlichen Jugendlichen

Das Verhältnis zwischen muslimischen und christlichen Jugendlichen ist in der Regel problemlos.

> *„B: Ja eigentlich schon fast gleiches Verhältnis.*
> *I: Habt ihr ein gutes Verhältnis?*
> *B: Ja, schon."*
> (G3 / Junge_02 / 230-232)[47]

Dennoch ist zu beobachten, dass die muslimischen und christlichen bzw. ausländischen und deutschen Jugendlichen jeweils verstärkt unter sich sind und wenig Kontakt zur anderen Gruppe haben.

> *„Die gehen miteinander um, sage ich mal so, aber wenn ich schau, wer wer sitzt neben wem oder wer ist in der Pause mit wem zusammen, sind es die religiösen Gruppen, die sich dann schon wieder finden."*
> (G1 / Experte_02 / 46-46)[48]

Die Probleme bestehen derzeit vielmehr zwischen muslimischen und jüdischen Jugendlichen. Dies resultiert aus den aktuell vorherrschenden Kriegen.

> *„I: Ist da dann das Problem dann eher zwischen Juden und Moslems als zwischen Moslems und Deut Christen?*
> *B: Momentan denke ich eher zwischen Juden und Moslems, weil es so aktuell ist und weil auch so viel los ist gerade zwischen Juden und zwischen Moslems so viele Kriege und auch mit Palästina und mit Libanon auch."*
> (G2 / Mädchen_01 / 169-170)[49]

Rassistische Erfahrungen im Alltag machen die Jugendlichen eher in Begegnungen mit älteren Personen als durch andere Jugendliche.

> *„Das ist schon oft passiert, ja. In der Straßenbahn hat mich jemand so blöd angeglotzt. Das war ein Nazi halt und so. Das regt einen auf. Der guckt mich ganz so schief an und so. Der hat mich schon oft geschlagen. Gewalt und so, das will man ja nicht. Wenn man sich halt wehren muss, dann muss man sich halt wehren. Ich bin nicht so einer."*
> (G3 / Junge_01 / 234-234)[50]

---

[47] Siehe auch (G1 / Experte_01 / 78-78), (G2 / Mädchen_01 / 132-132), (G2 / Mädchen_01 / 214-214), (G3 / Junge_01 / 124-124), (G3 / Junge_02 / 230-232) und (G3 / Junge_02 / 410-412).

[48] Siehe auch (G1 / Experte_02 / 48-48), (G2 / Mädchen_01 / 132-132), (G2 / Mädchen_01 / 166-166), (G2 / Mädchen_02 / 244-244), (G2 / Mädchen_02 / 248-248) und (G3 / Junge_03 / 122-122).

[49] Siehe auch (G3 / Junge_01 / 176-176).

[50] Siehe auch (G2 / Mädchen_01 / 214-214), (G2 / Mädchen_02 / 216-216) und (G3 / Junge_01 / 156-156).

6.4.3 Unterschiede zwischen muslimischen und christlichen Jugendlichen

Zwischen muslimischen und christlichen Jugendlichen liegen in verschiedenen Bereichen einige Unterschiede vor.

> *„Haja, große Unterschiede."*
> (G2 / Mädchen_02 / 256-256)

Im Schulalltag der Jugendberufshilfe zeigt sich, dass die muslimischen Jugendlichen mehr Grenzen austesten und es ihnen schwerer fällt, sich in das deutsche System einzufinden. Die deutschen Jugendlichen sind angepasster und weisen bessere Noten auf.

> *„Die Deutschen sind einfach braver um das da klischeehafter dar oder auf den Punkt zu bringen. Die sind einfach angepasster vielleicht auch oder, ja. Also nicht alle, mit Ausnahmen natürlich und generell und auch es gibt auch türkische Jugendliche, die sind hier Einserschüler und die strengen sich auch wirklich an. Aber wenn ich es so mal über den Daumen peilen muss, wäre es schon einfach, ja die tun sich einfach schwerer ins System reinzukommen."*
> (G1 / Experte_02 / 56-56)[51]

Aus Sicht der Befragten D. zeigt sich im Alltag, dass muslimische Familien offener und kontaktfreudiger sind als deutsche Familien.

> *„Aber hier, ich sehe nichts. Die Leute, die haben keine Kontakt. Und bei uns die Tür steht immer offen. Wenn einer kommt und du, wenn zu mir kommt, ich kann nicht sagen, „Nein, ich habe keine Zeit"."*
> (G2 / Mädchen_02 / 222-222)

Für muslimische Jugendliche hat die Moschee in der Regel eine wesentlich größere Bedeutung als die Kirche für viele christliche Jugendliche.

> *„B: Äh zum Beispiel wenns immer bei uns wenn es Freitag ist, dann also nicht alle, aber die meisten gehen die Jugendlichen in die Moschee beten. Und wenns, ich glaube bei Deutschen ist Sonntag zum Kirche, oder?*
> *I: Mmh.*
> *B: Wenns bei denen so ist, also keine Ahnung, die gehen nicht alle also.*
> *I: Mmh. Aber bei türkischen Jugendlichen, gehen da alle in die Moschee?*
> *B: Nee, nicht ganz.*
> *I: Auch nicht.*
> *B: Aber die meisten schon."*
> (G3 / Junge_02 / 240-246)

Weiterhin haben aus Sicht des Befragten H. muslimische Jugendliche mehr Respekt gegenüber ihren Eltern und sind gehorsamer als christliche Jugendliche.

---

[51] Siehe auch (G1 / Experte_02 / 52-52) und (G1 / Experte_02 / 54-54).

„Bei dene ist äh keine Ahnung. Bei den Kindern ist nicht so wichtig ähm Mutter und Vater. Das ist egal. Zum Beispiel wenn jetzt Vater oder Mutter was sagt, das Kind sagt, „Ach, das ist scheiß egal was die Mutter sagt oder der Vater". "
(G3 / Junge_02 / 216-216)

Ein weiterer Unterschied zwischen muslimischen und christlichen Jugendlichen liegt in der geschlechtsspezifischen Erziehung und der daraus resultierenden Tatsache, dass z.b. deutsche Mädchen abends länger weggehen dürfen als türkische.

„Die Deutschen dürfen mehr machen. Manchmal die gehen mehr raus und so. Und manche gibt's gibt es ja auch, naja, kann man nicht sagen, das ist ja Blödsinn. Ich kann ja nicht einfach Deutschland schlecht machen oder die Muslime gut machen. Es gibt eigentlich Beides und es gibt, aber bei Deutschen dürfen die Mädchen mehr machen. Das habe ich gemerkt."
(G3 / Junge_01 / 110-110)[52]

Andere wiederum sehen keine großen Unterschiede zwischen muslimischen und christlichen Jugendlichen. Die einzigen Differenzen liegen in der Religion und im Aussehen.

„Eigentlich nicht so außer das Aussehen vielleicht, aber sonst eigentlich nicht so."
(G3 / Junge_03 / 142-142)[53]

6.4.4 Austausch der Religionen

Das Interesse muslimischer Jugendlicher am Christentum ist bei den meisten der Jugendlichen mit türkischem Migrationshintergrund vorhanden. Das Wissen über das Christentum ist zum Teil relativ gering. Es interessiert sie, welche Bedeutung die einzelnen christlichen Symbole haben und wie die religiösen Feste in christlichen Familien gefeiert werden.

„Also durchaus auch in Einzelkontakten gibt es das schon immer wieder auch irgendwelche Gespräche, was bedeutet jetzt eigentlich dieses komische was weiß ich Fronleichnamsfest oder was ist das da mit Ostern und dann ist er in den Himmel aufgefahren oder so. Es ist durchaus auch, dass da so ein Interesse da ist oder auch ein Interesse vielleicht irgendwie was zu erzählen aus dem aus dem eigenen auch religiösen Hintergrund oder wie das so gehandhabt wird."
(G1 / Experte_01 / 94-94)[54]

---

[52] Siehe auch (G3 / Junge_02 / 198-198).
[53] Siehe auch (G3 / Junge_01 / 116-116).
[54] Siehe auch (G2 / Mädchen_01 / 126-126), (G2 / Mädchen_01 / 128-128), (G3 / Junge_01 /52-56) und (G3 / Junge_02 / 417-420).

Andere muslimische Jugendliche sehen hingegen keine Notwendigkeit etwas über das Christentum zu erfahren.

> „[...] ich muss auch nicht lernen über Christen oder über andere Religion oder was weiß ich."
> (G2 / Mädchen_02 / 456-456)

Im Gegensatz dazu ist das Interesse christlicher Jugendlicher am Islam im Allgemeinen geringer.

> „Das würde gut sinnvoll sein, aber ich weiß, der Freund erzählt es mir immer, wenn sie Religion oder so haben, dann wollen sie eigentlich nichts wissen über den Islam oder so"
> (G3 / Junge_03 / 176-176)

Aus Sicht muslimischer Jugendlicher ist es dennoch wichtig, dass die christlichen Jugendlichen etwas über den Islam erfahren, da in Deutschland beide Gruppen, Muslime und Christen, zusammen leben.

> „Ich meine, wir leben schließlich zusammen, ob wir ob sie jetzt daran glaubt oder nicht, finde ich es trotzdem gut, dass sie mitkriegt wie ich bin."
> (G2 / Mädchen_01 / 204-204)

Im Allgemeinen findet ein sehr geringer Austausch über die Religionen statt.

> „Und sonst ähm wir reden halt nicht so viel darüber, vielleicht in Religion oder im Ethikunterricht, wenns mal sein muss, aber sonst."
> (G2 / Mädchen_01 / 126-126)

Um Vorurteile über fremde Religionen abzubauen, sind Aufklärung und Gespräche über Religion wichtig. Die Jugendlichen haben zum Teil Interesse an einem interreligiösen Austausch.

> „Ja, zum Beispiel, also wir wollen alle, nicht alle, aber ich will das schon einen Religionen Austausch machen. Das ist besser."
> (G3 / Junge_01 / 402-402)[55]

Hierfür wäre ein Religionsunterricht für alle Jugendlichen, in dem die einzelnen Religionen thematisiert werden, sinnvoll.

> „Ich denke halt, es sollte auch so ein extra Fach geben vielleicht. Anstatt dass man die Schüler in Religion und Ethik teilt, würde ich sie einfach zusammen nehmen. Und weil wenn man die Schüler teilt, bringt das ja auch nichts mehr. Die einen sind katholisch, evangelisch und die anderen haben dann doch die Religion, die sie eigentlich immer haben. Und dann finde ich das halt doof. Man könnte die wirklich einfach zusammensetzen und auch so eine so eine Art Religionsstunde machen, aber dann halt über alle Religionen in so einer Runde, dass jeder mal etwas fragt und dass man dar-

---

[55] Siehe auch (G2 / Mädchen_01 / 198-198), (G3 / Junge_01 / 204-204) und (G3 / Junge_03 / 174-174).

über redet, vielleicht auch Informationen mitbringt, wo man es beweisen kann, ich meine aus der Bibel oder aus dem Koran Beispiele, da wo es wirklich drin ist. Man kann ja auch, vielleicht sagt man ja auch, ach wirklich und das ist gleich."
(G2 / Mädchen_01 / 200-200)[56]

Ein interreligiöser Austausch ist jedoch von Hindernissen geprägt. Nach Einschätzung der Sozialpädagogin Frau B. wären die Jugendlichen durch die Begegnung mit dem Fremden, der christlichen Religion, zunächst verunsichert. Hinzu kommen die sprachlichen Probleme, durch die es den Jugendlichen schwer fällt etwas über ihre Religion zu erklären.

„Also ich habe bei meinen Jugendlichen oder bei Jugendlichen generell durch die Pubertätsphase, aber bei meinen schon noch verstärkt gemerkt, da ist ganz viel Unsicherheit, die da mitspielt. Und die hat in allem. Alles, was neu ist, macht unsicher und da bin ich erst einmal auf Widerstand. Und erst einmal habe ich Angst und daraus wähle ich Widerstand, was dann einfach beim Gegenüber als bockig ankommt. So erlebe ich die einfach gerade. Und da ist meine Aufgabe oder meine Haltung immer Sicherheit zu vermitteln ähm und ich glaube, dass das ein Themawäre, wo sie sich einfach sehr also ich glaube einfach unsicher sind. Und das viele einfach glaube ich, ich meine Vorurteil, sage ich mal, ich weiß es echt nicht einfach nicht bewusst leben und nicht bewusst haben. Und ich glaube, wenn man dann sagt, jetzt tauschen wir uns darüber aus, die täten sich erst einmal schwer gleich im interreligiösen."
(G1 / Experte_01 / 174-174)[57]

---

[56] Siehe auch (G3 / Junge_02 / 408-408).
[57] Siehe auch (G2 / Mädchen_02 / 403-406) und (G2 / Mädchen_02 / 414-414).

6.4.5 Ergebnisse der Kategorie 3 im Vergleich

Ein Vergleich der Aussagen der drei Gruppen (Experten – G1, Mädchen – G2 und Jungen – G3) ergibt in der Kategorie 3 `Muslimische und christliche Jugendliche´ folgendes Ergebnis:

Experten (G1)	Mädchen (G2)	Jungen (G3)
`Freunde´	`Freunde´	`Freunde´
Die muslimischen und deutschen Jugendlichen sind eher unter sich.	Die meisten Freunde kommen aus muslimischen Ländern. Eine der Mädchen hat auch deutsche Freunde.	Die meisten Freunde kommen aus muslimischen Ländern. Ein Junge hat hauptsächlich kurdische und deutsche Freunde.
`Verhältnis zwischen muslimischen und christlichen Jugendlichen´	`Verhältnis zwischen muslimischen und christlichen Jugendlichen´	`Verhältnis zwischen muslimischen und christlichen Jugendlichen´
Das Verhältnis zwischen muslimischen und christlichen Jugendlichen ist in der Regel problemlos.	Das Verhältnis zwischen muslimischen und christlichen Jugendlichen ist in der Regel problemlos.	Das Verhältnis zwischen muslimischen und christlichen Jugendlichen ist in der Regel problemlos. Die Jugendlichen machen auch rassistische Erfahrungen.
`Unterschiede zwischen muslimischen und christlichen Jugendlichen´	`Unterschiede zwischen muslimischen und christlichen Jugendlichen´	`Unterschiede zwischen muslimischen und christlichen Jugendlichen´
Muslimische Jugendliche sind in der Jugendberufshilfe weniger angepasst und integrieren sich schwerer in das System als Deutsche.	Die Unterschiede liegen mehr im Alltag. In der Schule haben alle dieselben Rechte.	Muslimische und christliche Jugendliche unterscheiden sich in der Religion, dem Aussehen, in der Haltung zu den Eltern und in der Bedeutung der Moschee bzw. Kirche.
`Austausch der Religionen´	`Austausch der Religionen´	`Austausch der Religionen´
Muslimische Jugendliche haben Interesse am Christentum.	Ein Mädchen hat Interesse am Christentum, das andere nicht.	Es besteht Interesse am Christentum.

Experten (G1)	Mädchen (G2)	Jungen (G3)
Ein interreligiöser Austausch würde die Jugendlichen verunsichern.	Christliche Jugendliche sollten etwas über den Islam wissen. Es findet wenig Austausch statt. Es besteht ein Interesse an einem Austausch der Religionen. Dieser ist aber von Hindernissen geprägt.	Christliche Jugendliche haben wenig Interesse am Islam. Es besteht ein Interesse an einem Austausch der Religionen.

6.5 Berufliche Zukunft

Die Jugendberufshilfe beschäftigt sich u.a. mit der beruflichen Zukunft der Jugendlichen. Daher betrachtet die Kategorie `Berufliche Zukunft´ die Ansichten und Vorstellungen türkischer Jugendlicher in Bezug auf den Beruf, kombiniert mit den Erfahrungen der Fachkräfte der Sozialen Arbeit.

6.5.1 Die Bedeutung des beruflichen Erfolgs

In der Bedeutung des beruflichen Erfolgs unterscheiden sich die Meinungen der Fachkräfte der Sozialen Arbeit und die der Jugendlichen. Die Fachkräfte der Sozialen Arbeit gehen davon aus, dass für viele Mädchen mit türkischem Migrationshintergrund der berufliche Erfolg nicht so wichtig ist, da ihre Aufgabe Mutter und Ehefrau sein wird.

> *„Was ich auch so erlebe, gerade bei den türkischen Mädchen ähm (denkt nach) ja, dass die schon zwar die Schule machen und die machen eine Ausbildung, aber es ist schon klar, dass es dass der Berufs- oder Lebensweg in Richtung heiraten, Familie Kinder kommt äh Kinder. So dass ich merke, dass jetzt meine Arbeit berufliche Bildung oder Orientierung da hat das für die einfach irgendwann einmal so eine, naja, ich mach halt jetzt mal was irgendwie oder oder es ist eh klar, dass ich Hausfrau werde, also was muss ich mich dann noch groß hier anstrengen und Praktikum, so ungefähr. Und da glaube ich schon bei diesem beruflichen Weg, dass es da eine große Rolle spielt.“*
> (G1 / Experte_02 / 42-42)

Die Anzahl der Hartz IV Empfänger ist bei ausländischen Familien weitaus größer als bei deutschen Familien. Dadurch fehlen, nach Ansicht von Frau B., den Jugendlichen Vorbilder in Bezug auf das erfolgreiche Arbeiten gehen. Die Motivation sich eine Arbeit zu suchen, ist bei vielen Jugendlichen relativ gering.

> *„Und ich merke auch schon, dass die Schülerinnen und Schüler, die deren Eltern Hartz IV, also Arbeitslosengeld, bekommen, das ist sehr sehr hoch bei den bei den ausländischen Jugendlichen, und da erlebe ich schon auch so so diese Vor Vorbilder bei den Jugendlichen, also dass sie das gewohnt sind, dass halt morgens Mama und Papa oder der Vater aus dem Haus geht zum arbeiten, das habe die weniger, so dass deren Motivation überhaupt die Vorstellung ich arbeite um mich zu finanzieren oder ich mache eine Ausbildung und krieg 300 Euro im Monat als Ausbildungsgehalt, aber ich mache das, weil, ich sage mal, das gehört halt zum Leben dazu, das ist schwer bei denen. Weil die so das Erleben haben, zum Teil das auch so verbalisieren, „Ich gehe doch nicht für Geld arbeiten, wenn ich es auch anderweitig bekomme“.“*
> (G1 / Experte_02 / 58-58)

Aus Sicht der Jugendlichen sind der berufliche Erfolg und die Unabhängigkeit für selbige von großer Bedeutung.

> *„Das wäre mir sehr wichtig, weil man sagt ja auch ohne Arbeit ohne Ausbildung ist man so gut wie nichts hier. Und da braucht man halt eine Ausbildung."*
> (G3 / Junge_03 / 184-184)[58]

Die Familiengründung wird zunächst hinten angestellt, da eine Ausbildung für die Zukunft wichtig ist.

> *„Normalerweise ich möchte ein Kind haben, weil das ist für uns, wenn eine verheiratet und kriegt man schnell Kind. Und ich bin jetzt seit fünf Jahren. Wegen der Sprache ich will nicht jetzt. Ohne Sprache wie kann ich das hier leben. Deswegen ich muss eine Seite lassen. Aber die andere Seite, ich sage ich muss noch weiter eine Ausbildung machen."*
> (G2 / Mädchen_02 / 310-310)[59]

Besonders für muslimische Frauen ist es wichtig eine Ausbildung zu absolvieren, um den Kindern ein Vorbild zu sein.

> *„Und ich will auch ein gutes Vorbild für meine Kinder sein später. Ich will nicht zu Hause hocken und kochen und so. Für was habe ich dann die ganzen Jahre äh in der Schule verbracht. Für null. Dann würde ich, ok Hauptschulabschluss, meine Pflichten erledigt und fertig. Da würde ich gar nicht groß rummachen. So will ich es nicht. Das war nee, also das ist auch nicht so mein Fall immer daheim zu bleiben."*
> (G2 / Mädchen_01 / 144-144)

Daher wird die Familiengründung nicht mit Hausfrau sein gleichgestellt. Auch nach der Geburt der Kinder bleibt der berufliche Erfolg wichtig.

> *„Wenn ich jetzt eine Ausbildung mache, dann vielleicht kriege ich ein Baby, und dann müsste ich schnell einen Platz suchen, dann arbeiten."*
> (G2 / Mädchen_02 / 334-334)

6.5.2 Ausbildungs-/Arbeitsmarktchancen

Die Fachkräfte der Sozialen Arbeit beobachten, dass es für Jugendliche mit Migrationshintergrund schwieriger ist einen Ausbildungsplatz zu finden.

> *„Und was ich schon auch erlebe, dass es schon auch so ist, dass von der Statistik her die Jugendlichen mit Migrationshintergrund der prozentuale, der von uns hier raus*

---

[58] Siehe auch (G2 / Mädchen_01 / 138-138), (G2 / Mädchen_01 / 144-144), (G2 / Mädchen_02 / 332-332) und (G3 / Junge_02 / 286-286).
[59] Siehe auch (G2 / Mädchen_02 / 334-334).

geht, in Ausbildung geht, ist bei den Deutschen viel höher wie bei den Migrationshintergrunds Jugendlichen."
(G1 / Experte_02 / 42-42)

Die befragten Jungen schätzen ihre Ausbildungs- und Arbeitsmarktchancen gut ein.

„Eigentlich gut, sage ich mal, also nicht schlecht halt, sage ich mal gut."
(G3 / Junge_02 / 294-294)[60]

Die Mädchen sehen ihre Chance durch das Tragen des Kopftuches eingeschränkt, glauben aber, dass sie ihre Chance bekommen, wenn sie beweisen, dass sie lernen wollen.

„Ja, denke ich habe auch Chancen, wenn ich arbeite, wenn ich echt äh wenn ich sage „Ja, ich will das". Das glaube ich, ich finde überall. Nicht überall vielleicht, aber ich finde viele Plätze zum Arbeiten oder zum Ausbildung. Wenn ich sage „Ja, ich will das echt richtig". Dann kann ich finden. Das glaube ich."
(G2 / Mädchen_02 / 344-344)[61]

6.5.3 Die Bedeutung der Religion/Nationalität

Je stärker der religiöse Hintergrund ist, desto schwieriger ist die berufliche Orientierung für die Jugendlichen und desto weniger Interesse und Unterstützung zeigen die Eltern für die berufliche Zukunft ihrer Kinder.

„Und je mehr die sich öffnen auch, sage ich mal, sich dieser deutschen Gesellschaft anzupassen, desto mehr haben die Eltern Interesse, desto mehr suchen die Kontakt auch zu mir oder unterstützen die Jugendlichen. Und je mehr die, sage ich mal, in ihren religiösen hmm sag ich mal da Hintergrund drin bleiben, desto schwerer ist es für die Jugendlichen auch sich hier auch beruflich sich zu orientieren."
(G1 / Experte_02 / 42-42)

Die religiöse Überzeugung beeinflusst die Berufswahl und die Vermittlungsfähigkeit der Jugendlichen, da sie dadurch nicht jeden Beruf ausüben wollen und können.

„Aktuell habe ich einen muslimischen Jugendlichen, der gerne Koch werden möchte. Nun hatte er nach einem Vorstellungsgespräch 1 Woche Probearbeiten in einer Großküche. Als ich den Chef während dieser Zeit mal angerufen und gefragt habe, wie es so läuft, meinte er, alles läuft gut. Jedoch gibt es das Problem, dass der junge Mann nur geschächtetes Fleisch isst. Das Fleisch in dieser Küche ist aber nicht geschächtet, so dass der Bewerber die Speisen nicht abschmecken kann. Was tue ich nun? Nachdem klar ist, dass der junge Mann nicht von seinen religiösen Überzeu-

---

60 Siehe auch (G3 / Junge_02 / 294-294).
61 Siehe auch (G2 / Mädchen_01 / 148-148) und (G2 / Mädchen_01 / 150-150).

gungen abweichen möchte, akzeptiere ich diese und versuche nun, mit ihm einen anderen Beruf zu finden."
(G1 / Experte_02 / 198-198)[62]

Die Mädchen sehen durch die Religion zum Teil Einschränkungen für ihre Ausbildungs- und Arbeitsmarktchancen.

> *I: Also du siehst schon, dass die Religion dass deine Religion da viel damit zu tun hat für deine Chancen auf dem Arbeitsmarkt, dass sie großen Einfluss hat?*
> *B: Ja, auf jeden Fall."*
> (G2 / Mädchen_01 / 151-152)

> *I: Also glaubst du das schon so deine Religion das so ein bisschen beeinflusst deine Chancen? Das es etwas damit zu tun hat?*
> *B: Nein normalerweise nicht."*
> (G2 / Mädchen_02 / 347-348)

Die Jungen sehen lediglich die Nationalität als mögliches Hindernis. Die Religion hat ihrer Meinung nach keinen Einfluss auf die Ausbildungs- und Arbeitsmarktchancen.

> *„Das hat mit Religion nichts zu tun eigentlich nur mit Nationalität."*
> (G3 / Junge_01 / 154-154)[63]

6.5.4 Die Bedeutung des Kopftuches

Das Kopftuch hat einen erheblichen Einfluss auf die berufliche Zukunft der Mädchen, unabhängig von ihrem Bildungsabschluss.

> *„Aber die andere Seite, ich sage ich muss noch weiter eine Ausbildung machen. Aber mit Kopftuch hier in Deutschland, die eine Seite echt schwer."*
> (G2 / Mädchen_02 / 310-310)[64]

Die Vermittlung muslimischer Mädchen mit Kopftuch in ein Praktikum oder eine Ausbildung ist mit großen Hürden verbunden. Dieses Problem sehen sowohl die Fachkräfte der Sozialen Arbeit, als auch die Mädchen.

> *„Sehe ich da zum einen bei den muslimischen oder türkischen Jugendlichen, Mädchen mit Kopftuch einfach merke, dass ich denen kaum Angebote machen kann, dass ich denen äh wenig äh beraten kann, weil ich immer nur sagen muss einfach von meiner Erfahrung her, obwohl ich es auch schade finde, „Solange du ein Kopftuch trägst, wirst du keine Ausbildung bekommen". Oder es schränkt sie dann sehr ein auf ir-*

---

[62] Siehe auch (G1 / Experte_02 / 36-36).
[63] Siehe auch (G3 / Junge_01 / 152-152), (G3 / Junge_02 / 299-300) und (G3 / Junge_03 / 188-188).
[64] Siehe auch (G2 / Mädchen_01 / 134-134).

gendwelche äh Textilreiniger oder in der Großküche arbeiten. Aber auch da, sage ich mal, ist es glaube ich, bei den Arbeitgebern die die Vorurteile mit einem kopftuchragenden Mädchen, das überhaupt in Aus in äh mal in Praktikum zu nehmen. Also die haben auch ganz große Schwierigkeiten überhaupt einen Praktikumsplatz zu finden, den sie einfach machen müssen."
(G1 / Experte_02 / 36-36)[65]

Einige Mädchen entscheiden sich gegen das Kopftuch, um eine Ausbildungsstelle zu finden. Dies würden allerdings nicht alle Mädchen machen. Für manche Mädchen gibt es eine Mischlösung. Durch das Tragen einer Perücke können sie eine Ausbildung absolvieren und schützen ihre Haare dennoch vor fremden Männern.

„Und es gibt immer noch ein Beispiel, was ich auch immer sehr gerne auch in der Argumentation verwende oder sag, es gibt auch Jugendliche, die ähm das Kopftuch tragen wollen, Mädchen, die dann für die Ausbildung, ähm also zum Beispiel es gibt bei einer Bäckerei und die trägt eine Perücke für die wenn sie arbeiten geht so als Mischung dieses, ich habe dann, weil Kopftuch in der Bäckerei geht nicht, hat der Chef gesagt. Aber wenn sie die Perücke trägt hat sie praktisch für die Kunden hat sie Haare und für den Vater halt für die Kultur hat sie praktisch ihr echtes Haar verdeckt. Das ist wo ich merke, es gibt dann bei türkischen Jugendlichen, die Kopftuch tragen, gibt's wenn sie es wirklich wollen, und sagen, ich will eine Ausbildung haben, legen sie es dann ab gegenüber ihren Eltern oder finden auch so eine Mischlösung auch irgendwie."
(G1 / Experte_02 / 190-190)[66]

Die Mädchen haben auch positive Erfahrungen mit vorurteilsfreien ArbeitgeberInnen gesammelt. Sie gehen davon aus, dass es noch mehr ArbeitgeberInnen gibt, die weniger auf das Kopftuch und mehr auf die Leistung achten.

„Ok, es gibt trotzdem äh Bereiche, da wo die ähm (denkt nach) zum Beispiel in der Praxis habe ich Praktikum gemacht, die waren eigentlich ganz ok. Die haben gesagt, „Ok, du bist ein liebes Mädchen, bist auch engagiert und machst auch wirklich alles, dann kannst du auch hier von mir aus dein anderes Praktikum kannst du auch hier absolvieren". Ist mir auch, ist auch schon vorgekommen. Und das kann eigentlich jeder machen. Man muss nicht immer so Vorurteile haben."
(G2 / Mädchen_01 / 206-206)[67]

---

[65] Siehe auch (G2 / Mädchen_01 / 134-134).
[66] Siehe auch (G1 / Experte_02 / 190-190).
[67] Siehe auch (G2 / Mädchen_02 / 344-344) und (G2 / Mädchen_02 / 348-348).

6.5.5 Ergebnisse der Kategorie 4 im Vergleich

Ein Vergleich der Aussagen der drei Gruppen (Experten – G1, Mädchen – G2 und Jungen – G3) ergibt in der Kategorie 4 `Berufliche Zukunft´ folgendes Ergebnis:

Experten (G1)	Mädchen (G2)	Jungen (G3)
`Die Bedeutung des beruflichen Erfolgs´	`Die Bedeutung des beruflichen Erfolgs´	`Die Bedeutung des beruflichen Erfolgs´
Der berufliche Erfolg ist für viele Mädchen unwichtig. Vielen muslimischen Jugendlichen fehlt es an Vorbildern in Bezug auf das Arbeiten gehen.	Der berufliche Erfolg ist wichtig.	Der berufliche Erfolg ist wichtig.
`Ausbildungs-/ Arbeitsmarktchancen´	`Ausbildungs-/ Arbeitsmarktchancen´	`Ausbildungs-/ Arbeitsmarktchancen´
Jugendliche mit Migrationshintergrund finden schwieriger eine Ausbildungsstelle.	Die Ausbildungschancen sind durch das Kopftuch eingeschränkt.	Die Ausbildungschancen sehen sie als gut.
`Die Bedeutung der Religion/Nationalität´	`Die Bedeutung der Religion/Nationalität´	`Die Bedeutung der Religion/Nationalität´
Der religiöse Hintergrund beeinflusst die berufliche Orientierung. Die religiöse Überzeugung mindert die Berufswahl.	Ein Mädchen glaubt, dass die Religion die Arbeitsmarktchancen beeinflusst, die andere glaubt dies nicht.	Die Religion hat keinen Einfluss auf die Arbeitsmarktchancen. Die Nationalität könnte Einfluss haben.
`Die Bedeutung des Kopftuches´	`Die Bedeutung des Kopftuches´	`Die Bedeutung des Kopftuches´
Das Kopftuch beeinflusst die berufliche Zukunft.	Das Kopftuch beeinflusst die berufliche Zukunft.	Keine Aussage

6.6 Die Jugendberufshilfe

Die letzte und sicherlich bedeutendste Kategorie ist `Die Jugendberufshilfe´. Diese Kategorie betrachtet den Umgang mit Religion in der Jugendberufshilfe und versucht herauszuarbeiten, was die Fachkräfte der Sozialen Arbeit in der Arbeit mit Jugendlichen mit türkischem Migrationshintergrund berücksichtigen müssen, ob sie eine Fortbildung benötigen und welche Inhalte hierfür sinnvoll sind.

6.6.1 Die Bedeutung der Jugendberufshilfe für die Jugendlichen

Die Jugendberufshilfemaßnahme wird von den Jugendlichen als Chance gesehen. Es bietet den SchülerInnen Unterstützung und die Möglichkeit sich zu verbessern.

> *„I:* Nein, hier dieses BEJ für deine Zukunft, dass du das hier jetzt teilnimmst.
> *Glaubst du, dass es positiv für deine Zukunft?*
> *B:* Ja, wenn man sich verbessert, dann schon. Von den Noten her. Wenn man sich
> *verbessert und sich anstrengend dann schon.*
> *I:* Hat es dir etwas gebracht hier teilzunehmen?
> *B:* Ja."*
> (G3 / Junge_01 / 161-164)[68]

Auch die sozialpädagogische Begleitung wird als positiv bewertet. Auf diese Weise haben die SchülerInnen, abgesehen von den LehrerInnen, AnsprechpartnerInnen, denen sie vertrauen können.

> *„Ich finde es auch schön, dass es so etwas überhaupt in den Schulen gibt, dass man
> jemanden hat mit dem man einfach reden kann, hingehen kann, vor allem vertrauen
> kann, wenn etwas passiert ist, finde ich eigentlich super."*
> (G2 / Mädchen_01 / 172-172)

Die Jugendlichen merken allerdings auch kritische Aspekte am BVJ/BEJ an. Zum einen bestehen die Klassen fast nur aus AusländerInnen. Das Verhalten innerhalb der Klasse ist häufig von Respektlosigkeit geprägt. Dies wird negativ gesehen, da diese Zusammensetzung der Klasse die Fördermöglichkeit erschwert.

> *„Hier in der Schule, das sind fast alles Ausländer."*
> (G2 / Mädchen_02 / 250-250)[69]

> *„Durch, durch durch auch Verhalten gegenüber den Lehrern. Ich habe einen Physik-
> lehrer, der ist letzte Woche in unseren Unterricht reingekommen und hat gesagt, „Ich
> kann nicht mehr". Und wir so, „Ja wieso?" Er so, „Ja ich hatte davor eine BVJ*

---

[68] Siehe auch (G2 / Mädchen_01 / 154-154), (G2 / Mädchen_02 / 356-356) und (G3 / Junge_02 / 312-312).
[69] Siehe auch (G3 / Junge_01 / 120-120).

Klasse". Die reden mit Lehrern als wäre es irgendwelche äh irgendwelche Typen auf
der Straße. So, ja halt deine Fresse und schmeißen ihn mit Kreide an und mit Flug
Papierflugzeugen und die hören gar nicht mehr zu. Immer am Ende der Stunde stehen
bestimmt 8, 9 Schüler vor der Tür. Minimal."
(G2 / Mädchen_01 / 156-156)[70]

Zum anderen sehen die SchülerInnen, aus Sicht von C., häufig keine berufliche
Zukunft für sich, da das BVJ von ihnen als unterste Stufe angesehen wird.

„Die wollen nicht. Die sagen, „Ok ich bin jetzt schon in der BVJ Klasse gelandet. Ich
habe keine Zukunft mehr." Mit 15, wenn man so etwas sagt, „Ich habe keine Zukunft
mehr. Aus mir wird so wie so nichts mehr. Ich kann so wie so nichts mehr draus ma-
chen. Ich bin doch schon im BVJ gelandet. Schlimmer geht es gar nicht mehr.""
(G2 / Mädchen_01 / 158-158)

In der Berufsschule sind hauptsächlich Deutsche. Die AusländerInnen nehmen an
der abH teil. Diese Möglichkeit wird positiv bewertet.

„Es ist halt finde ich auch gut, dass es so etwas gibt halt. Sonst wenn man jetzt, wenn
man etwas nicht versteht, dann dann hat man eigentlich so gut wie niemanden zum
Fragen."
(G3 / Junge_03 / 206-206)[71]

Konfessionelle Einrichtungen werden von muslimischen Jugendlichen gerne angenommen, da dort ein religiöser Hintergrund besteht.

„Wobei da auch ich immer das Gefühl hatte, dass die Jugendlichen damals sogar oft
gerne zu diesem konfessionellen Wohlfahrtsverband gegangen sind, weil sie das Ge-
fühl hatten, da ist auch wieder irgendein religiöser Hintergrund. Das war zwar nicht
der eigene, aber ich glaube, die haben sich da eigentlich sogar eher wohlgefühlt wie
bei einer vielleicht Einrichtung eines nicht-konfessionellen Wohlfahrtsverbandes oder
so etwas. Das hat also nicht gestört, das hat sie nie gestört."
(G1 / Experte_01 / 104-104)

6.6.2 Die Bedeutung der Religion

Die Religion nimmt in der Jugendberufshilfe eine geringe Rolle ein und wird wenig thematisiert. Es kommt nur durch aktuelle Anlässe und Zeitungsartikel zur
Thematisierung der Religion.

---

[70] Siehe auch (G2 / Mädchen_01 / 154-154).
[71] Siehe auch (G3 / Junge_03 / 122-122) und (G3 / Junge_03 / 202-202).

„Ja, wenn mal etwas Aktuelles passiert ist, dann schon. Wenn sie mal einen Zeitungsartikel dabei hat und es ging irgendwelche um irgendwelche äh Krieg zum Beispiel, was aktuell war, dann schon."
(G2 / Mädchen_01 / 168-168)[72]

Für die Vermittlung in eine Ausbildung kann und darf die Religion keine Rolle spielen. Für das Empfinden der Jugendlichen in Bezug auf die Berufswahl ist die Religion allerdings von Bedeutung.

„[...] Ja, weil wie gesagt, das spielt einfach keine große Rolle. Würde ich mal so sagen. Vielleicht stimmt das auch nicht. Vielleicht wäre ich danach anderer Meinung, aber ich würd sagen jetzt grad spielt einfach die Religion wenig also hat wenig Einfluss. Also ahh das stimmt auch nicht och schwierig. Ich glaube für meine Arbeit mit denen hats hats äh spielt es keine große Rolle. Für deren Empfinden und für deren Berufswahl ja, aber so für meine Arbeit mit den Jugendlichen"
(G1 / Experte_02 / 168-170)[73]

Die Auswirkungen der Religion sind in der Jugendberufshilfe zu spüren. Zum einen ist die berufliche Orientierung bei den Mädchen schwierig, da der Lebensweg vieler muslimischer Mädchen in Richtung Familiengründung und Kinder geht.

„Was ich auch so erlebe, gerade bei den türkischen Mädchen ähm (denkt nach) ja, dass die schon zwar die Schule machen und die machen eine Ausbildung, aber es ist schon klar, dass es dass der Berufs oder Lebensweg in Richtung heiraten, Familie, Kinder kommt äh Kinder. So dass ich merke, dass jetzt meine Arbeit berufliche Bildung oder Orientierung da hat das für die einfach irgendwann einmal so eine, naja, ich mach halt jetzt mal was irgendwie oder oder es ist eh klar, dass ich Hausfrau werde, also was muss ich mich dann noch groß hier anstrengen und Praktikum, so ungefähr. Und da glaube ich schon bei diesem beruflichen Weg, dass es da eine große Rolle spielt."
(G1 / Experte_02 / 58-58)

Zum anderen werden den muslimischen Mädchen von Seiten der Eltern Einschränkungen auferlegt, welche die Teilnahme an der Jugendberufshilfe beeinflussen.

„[...] oder die eine Schülerin, die in B. wohnt, die durfte zum Beispiel, da mussten wir kämpfen, dass sie um acht da sein sollte, weil der Vater sagte, „Es ist noch dunkel". Wo wir dann sagen, „Ja aber äh die muss um acht da sein auch von Breisach her. Das geht nicht anders". Und da oder so und da merkt man es einfach also da merke ich es immer, dass die doch immer eine andere Kultur oder religiösen Hintergrund haben wie die anderen Jugendlichen hier."
(G1 / Experte_02 / 62-62)

---

[72] Siehe auch (G2 / Mädchen_02 / 359-360), (G3 / Junge_01 / 167-168), (G3 / Junge_02 / 323-324), (G3 / Junge_02 / 326-326), (G3 / Junge_02 / 394-394) und (G3 / Junge_03 / 147-148).
[73] Siehe auch (G1 / Experte_02 / 94-94) und (G1 / Experte_02 / 96-96).

An den muslimischen Festen fehlen viele SchülerInnen.

> *„Zum Beispiel, wenn wir Ramadan feiern, dann weiß die ganze Klasse. Wir haben Fastenzeit und alle wissen, dass wir nichts essen können. Oder unsere Feste, weil da fehlt die ganze Klasse. Dann wissen alle, die Hälfte der Klasse ist da nicht mehr da. Dann wissen alle, ok wir feiern. "*
> (G2 / Mädchen_01 / 126-126)

Frau B. gibt an, dass sie die muslimischen Jugendlichen nicht danach gefragt hat, ob die Religion eine größere Rolle spielen sollte.

> *„I: Haben Sie aber das Gefühl, dass die Jugendlichen aber da das gerne thematisieren würden? Mal ins Gespräch kommen würden vielleicht auch darüber?*
> *B: Hmm. Ich müsste, ich habe noch nie gefragt, gell. Ich müsste es mal müsste es mal ausprobieren. Ich weiß es gar nicht. (denkt nach) [...]"*
> (G1 / Experte_02 / 171-172)

Aus Sicht der Fachkräfte der Sozialen Arbeit ist ein muslimischer Religionsunterricht sinnvoll. Dieser wird von den türkischen Jugendlichen ernster genommen als von den deutschen Jugendlichen der christliche Religionsunterricht.

> *„Aber wenn man jetzt irgendwie einen einen Klassenverband, der Vollzeit in irgendeiner Art und Weise durchaus auch berufsvorbereitend das wäre, also berufsvorbereitende Maßnahme, und wenn da jetzt zum großen Teil muslimische Jugendliche wären, könnte ich mir vorstellen, dass durchaus Interesse da wäre auch so eine Art Religionsunterricht, wenn man das anbieten würde und dass das ernster genommen würde auch von den Leuten, die nicht so viel damit am Hut haben wie jetzt an der Berufsschule der deutsche Religionsunterricht ernst genommen wird.*
> (G1 / Experte_01 / 92-92)[74]

6.6.3 Geschlechtsspezifischer Umgang

Ein geschlechtsspezifischer Umgang ist bei allen Jugendlichen wichtig, bei Jugendlichen aus traditionellen Familien ist dies unerlässlich. Für die Jungen ist es schwierig eine Frau als Leitung zu haben. Mädchen mit türkischem Migrationshintergrund sprechen über ihre Probleme lieber mit einer Frau.

> *„Also halte ich auf jeden Fall für sinnvoll ähm geschlechtsspezifische Angebote zu machen. Ähm. Sowohl für die Deutschen als auch für die Migranten. Ähm. Für die Migranten aus traditionellen Familien ist es, würde ich sagen, unerlässlich, fast unerlässlich, sagen wir mal so."*
> (G1 / Experte_01 / 68-68)[75]

---

[74] Siehe auch (G1 / Experte_02 / 68-68).
[75] Siehe auch (G1 / Experte_02 / 80-80) und (G1 / Experte_02 / 86-86).

Für die Jungen fehlen häufig männliche Bezugspersonen in den Einrichtungen.

„Da fehlt jemand. Genau, das stimmt. Zumal der Anteil der Lehrerinnen auch viel höher ist wie der der Lehrer."
(G1 / Experte_02 / 90-90)

6.6.4 Fachkräfte der Sozialen Arbeit

6.6.4.1 Umgang mit Religion

In der Jugendberufshilfe werden in der Regel, unabhängig von ihrer Religion, alle SchülerInnen gleich behandelt. Die Fachkräfte der Sozialen Arbeit nehmen eine neutrale bis positive Haltung ein.

„Also die Lehrer sagen auch halt, ja warum reden die immer so. Die Lehrer sagen halt nicht so zur Religion, dass es schlecht ist."
(G3 / Junge_01 / 176-176)[76]

Die Berücksichtigung der Religion, bei der Vermittlung der Jugendlichen in Ausbildungsplätze, bringt Schwierigkeiten mit sich.

„Wie gesagt, ich erlebe es eher als Beschneidung gerade, wenn ich so mit dem klassischen gucke in Ausbildung bringe finde ich es schwieriger, weil es diese Regeln gibt, die es einfach schwerer machen."
(G1 / Experte_02 / 130-130)

Für Frau B. stellen kopftuchtragende Mädchen eine Besonderheit dar, da es schwierig ist sie zu vermitteln.

„Ich sage, Ausnahme Kopftuch wenn sie haben. Also, ja, werde ich da nicht nicht groß unterscheiden, dass ich schon auch schaue, was möchten die Jugendlichen machen welchen Beruf. Wie steht es um ihre Motivation. Und sie dann unterstütze, egal was für was für einen Hintergrund oder auch eigentlich will ich nicht differenzieren."
(G1 / Experte_02 / 94-94)

Die Befragten sind sich nicht im Klaren darüber, ob Fachkräfte der Sozialen Arbeit im Umgang mit türkischen bzw. muslimischen Jugendlichen einen anderen Zugang bzw. Umgang benötigen.

---

[76] Siehe auch (G1 / Experte_02 / 94-94), (G3 / Junge_02 / 339-342), (G3 / Junge_02 / 348-348) und (G3 / Junge_02 / 351-352).

„Sagen wir mal so, ich mache es nicht. Ob es nötig wäre, weiß ich gar nicht. Kann ich schwer sagen. (denkt nach) Ob die etwas anderes bräuchten? (denkt nach) Ja. Finde ich schwer."

(G1 / Experte_02 / 114-114)[77]

Fachkräfte der Sozialen Arbeit zeigen Verständnis und Respekt im Umgang mit der Religion auch wenn dies für sie einen Mehraufwand bedeutet.

„Wenn wir mit unseren Klassen zu Schuljahresende eine Kanutour machen, beschließen wir den Ausflug mit gemeinsamem Grillen. Da ist es für uns Mitarbeiterinnen selbstverständlich, dass wir 2 Grill dabei haben, damit die muslimischen Jugendlichen ihr Fleisch oder ihre Wurst gemäß ihrem Glauben auf einem extra Grill (weg von den Schweins-Würsten der anderen) zubereiten können. Die 2 Grills sind zwar umständlicher, aber aus Respekt vor dem muslimischen Glauben finde ich das wichtig!!"

(G1 / Experte_02 / 198-198)[78]

Wenn religiöse Überzeugungen die Teilnahme an der Maßnahme beeinflussen, treten die LehrerInnen und Fachkräfte der Sozialen Arbeit in Kontakt mit den Eltern, um eine Mischlösung zu finden.

„Wenn wir da Widerstand merken, dann sind die Klassenlehrerinnen auch sehr dran. Also die sagen, „Das ist Pflicht und die muss mitgehen". Also da noch einmal wirklich der Bedeutung noch einmal Nachdruck verleihen, weil wir merken, wenn die da fehlen, da fehlt einfach dann was für die und für uns auch, so dass wir das schon als sehr wichtig immer äh rüberbringen und auch Eltern anrufen oder mal argumentieren, warum die jetzt mit soll irgendwie. Und dann gibt es meistens die Mischlösung, dass sie kommen dürfen grad die Mädchen, aber halt wieder zu Hause schlafen müssen. Das geht dann schon."

(G1 / Experte_02 / 66-66)[79]

6.6.4.2 Haltung gegenüber Islam und Türkei

Frau B. sagt über sich, dass ihre Haltung gegenüber dem Islam von Unsicherheit, Abwehr und Skepsis geprägt ist. Ihre Haltung basiert auch auf Unwissen.

„Weil ich merke, dass meine meine Haltung zum Islam, die ist so wischiwaschi, so schwammig. So, weil ich immer auch ja nicht richtig weiß, was ist denn was ist Religion und was ist Kultur? Und was ist Religion und was ist, sage ich mal platt, Machgehabe von einzelnen äh Politikern oder so. Also da auch immer sehr skeptisch und schon auch so bei mir eine Abwehr spüre, wo ich dann merke, also gerade wenn es um Frauen oder Rolle der Frau geht, wo ich dann immer denke, „Das kann man nicht

---

[77] Siehe auch (G3 / Junge_03 / 165-166).
[78] Siehe auch (G1 / Experte_02 / 198-198).
[79] Siehe auch (G1 / Experte_02 / 38-38).

religiös begründen, was ihr da macht, also erzählt mir doch nichts, dass das religiös begründet ist, wenn ihr Frauen unterdrückt und verschleiert, das hat doch nichts mit Religion zu tun". Also da merke ich, dass ich da einfach noch sehr mmmm skeptisch dem Ganzen bin auch aus Unwissen heraus. "
(G1 / Experte_02 / 152-152)

Das Kopftuch lässt sie sich ohnmächtig fühlen und hilflos werden, da sie Schwierigkeiten hat diese Mädchen in eine Ausbildung zu vermitteln.

„Also für mich ist schon wieder dieses Kopftuch wieder so sehr was mich so sehr hilflos auch machen lässt. [...] Und dieses ja dieses Kopftuch, das ist wieder etwas, wo ich merke, da bin ich einfach dann, weil ich kann denen nur sagen, „Solange du Kopftuch trägst kannst du keine Ausbildung bekommen." Und das finde ich einfach, da fühle ich mich sehr ohnmächtig auch. "
(G1 / Experte_02 / 190-190)

Die befragten Mädchen sehen die Haltung der Fachkräfte der Sozialen Arbeit unterschiedlich. Eines der Mädchen ist der Meinung, dass die Fachkräfte eine neutrale Haltung haben und sich bei Streitereien zwischen religiösen Gruppen in der Klasse nicht auf die Seite der Christen stellen.

„Ähm, ich glaube, wenn es mal sein muss also wenn es mal Thema ist oder wenn es mal Streitereien gibt zwischen so Gruppen wegen Religion oder so, dann denke ich, dass die eigentlich ganz neutral sind. [...] Ich denke nicht jetzt, dass einer von denen sagen wird, ha ich bin jetzt auch Christ und halt jetzt die Seite oder so. So ist es nicht. "
(G2 / Mädchen_01 / 172-172)

Gemäß dem anderen Mädchen äußern einige der Fachkräfte keine Meinung, andere wiederum haben eher eine negative Haltung gegenüber dem Islam.

„I: Ok. Also dann gibt es praktische die einen, die gar nichts sagen in Bezug auf
B: Ja.
I: und die anderen eher negativ.
B: Ja. Negativ. "
(G2 / Mädchen_02 / 381-384)[80]

Laut Aussagen der befragten Jungen äußern sich die Fachkräfte der Sozialen Arbeit nicht über den Islam oder die Türkei. Sie sind neutral und behandeln alle SchülerInnen gleich.

„Eine ganz normale gute halt. Mmh. Die stellen halt nicht die sagen alle Menschen sind gleich halt und so. Die stellen keinen schlecht dar und so. Das ist ja auch rassistisch. Das kann man nicht machen. Ganz in Ordnung. "
(G3 / Junge_01 / 198-198)[81]

---

[80] Siehe auch (G2 / Mädchen_02 / 380-380), und (G2 / Mädchen_02 / 386-386).
[81] Siehe auch (G3 / Junge_01 / 189-194), (G3 / Junge_02 / 338-338), (G3 / Junge_03 / 150-150) und (G3 / Junge_03 / 152-152).

Aus Sicht der Fachkräfte der Sozialen Arbeit erwarten muslimische Jugendliche von ihnen Respekt, Akzeptanz, Verständnis, Toleranz, Offenheit, Vorurteilsfreiheit, eine eigene Haltung, Wissen über den Islam und Interesse.

> *„Offenheit, Vorurteilsfreiheit, ähm eine eigene Haltung, Respekt, klar Toleranz."*
> (G1 / Experte_01 /154-154)[82]

Die Jugendlichen selber erwarten Respekt gegenüber dem Islam und den religiösen Auswirkungen im Alltag, Verständnis, Akzeptanz und eine positive Haltung.

> *„[...] weil man soll einfach alles respektieren, alle Nationalität und so, Muslime, ob es Muslime oder Christen sind."*
> (G3 / Junge_01 / 220-220)[83]

Die Jugendlichen sollen sich nicht gegenüber den Fachkräften rechtfertigen müssen, da diese ein falsches Bild von ihm/ihr und seiner/ihrer Religion haben.

> *„Oder ähm irgendwie ein ja in irgendeiner Art und Weise sich da noch einmal die jungen Leute klarstellen müssen, nee nee ich bin anders als das Bild, das du jetzt da irgendwie erwartest oder in die Schublade, in die du mich reinstecken willst. Ich glaube, dass ist ziemlich schwierig gerade beim beim oder überhaupt in der Arbeit, ja."*
> (G1 / Experte_01 / 124-124)

Wenn die Jugendlichen sich in schwierigen Situationen befinden, sollten Fachkräfte keine Nachfragen in Bezug auf die Religion stellen, welche die Jugendlichen möglicherweise in die jeweilige Situation gebracht haben könnten. Sie erwarten, dass alle gleich behandelt werden und Hilfe erhalten, wenn sie diese benötigen.

> *„Ja, halt Respekt mich halt. Dass sie halt (denkt nach) dass sie mich halt normal behandeln, dass ich nicht als Ausländer für die bin, dass ich halt normal behandelt werde wie halt. Ich habe Respekt und die haben Respekt und das ist halt eigentlich so. Und wenn ich Hilfe brauche, dass mir halt geholfen wird. Weil nicht, dass ich weil ich Ausländer bin, dass ich halt weniger Hilfe kriege. Das ist halt das einzigste so."*
> (G3 / Junge_03 / 170-170)[84]

Weiterhin sollen Fachkräfte der Sozialen Arbeit muslimische Jugendliche nicht aufgrund der Religion als fundamentalistisch und rückständig bezeichnen.

> *„Also, die wo wirklich sich als religiös bezeichnen und religiös leben, die haben sicher die Erwartung, dass man sie durch das Leben dieser Religion nicht in in eine Ecke packt in Richtung fundamentalistisch oder sonst etwas ähm oder rückständig*

---

[82] Siehe auch (G1 / Experte_01 / 137-138), (G1 / Experte_01 / 154-154), (G1 / Experte_01 / 156-156), (G1 / Experte_01 / 158-158) und (G1 / Experte_02 / 197-198).

[83] Siehe auch (G2 / Mädchen_01 / 192-192), (G2 / Mädchen_02 / 314-314), (G2 / Mädchen_02 / 432-432), (G3 / Junge_01 / 200-200), (G3 / Junge_01 / 202-202), (G3 / Junge_02 / 378-378) und (G3 / Junge_02 / 386-386).

[84] Siehe auch (G1 / Experte_02 / 104-104), (G1 / Ecperte_02 / 106-106) und (G2 / Mädchen_01 / 194-194).

oder so etwas, dass sie wahrgenommen wird dass respektiert wird ähm (denkt nach) durchaus auch, dass (denkt nach) also sie freuen sich, wenn eine gewisse Kenntnis und Aufgeschlossenheit gezeigt wird. Und wenn es nur Aufgeschlossenheit ist, nur fragen ja und wie ist das? was machst du?"
(G1 / Experte_01 / 140-140)

Fachkräfte der Sozialen Arbeit sollten nicht erhoffen, dass die Jugendlichen ihr Leben ändern und zum Beispiel das Kopftuch ablegen.

„Deswegen ich warte äh von Leuten, von Lehrern auch Respekt. Ich habe so äh bis jetzt gelebt und ich habe so gelernt. Wie kann ich das, bis 27 habe ich mit Kopftuch und wie kann ich einfach äh wegschmeißen. Das kann ich nicht."
(G2 / Mädchen_02 / 450-450)

Die eigene Gläubigkeit ist nicht Voraussetzung für die Arbeit mit türkischen bzw. muslimischen Jugendlichen.

„Also wenn wenn ich jetzt also ich muss nicht nicht ähm gläubig sein um mit mit Muslimen umgehen zu können, [...]"
(G1 / Experte_01 / 154-154)

6.6.4.3 Wissen über den Islam

Nicht alle Fachkräfte der Sozialen Arbeit können zwischen lokalen Kulturen und der eigentlichen Religion unterscheiden.

„[...]Ja. Mmh. Mmh. Würde ich schon sagen. Eben das, was ich vorher so angesprochen habe mit mit diesen traditionellen Geschichten, wo ich einfach merke, naja gut, das wird vielleicht schon irgendwie auch als religiös begründet von den Leuten. Aber da kannst du den nächsten nebendran fragen, der aus einer anderen Ecke kommt, und der sagt, das ist völliger Blödsinn"
(G1 / Experte_01 / 111-112)

„Nee, ich kann da nicht unterscheiden."
(G1 / Experte_02 / 101-104)

Auch wenn die Fachkräfte anmerken, dass es ihnen an Wissen über den Islam fehlt und sie das Verhalten muslimischer Jugendlicher schlecht nachvollziehen können, gehen sie davon aus, dass ihr Wissen über den Islam für die Arbeit mit muslimischen Jugendlichen in gegebenem Kontext ausreicht.

„Ja, also ich habe das Gefühl, ich weiß genug um mit türkischen Jugendlichen hier in Freiburg und im Kontext abH arbeiten zu können."
(G1 / Experte_01 / 148-148)[85]

---

[85] Siehe auch (G1 / Experte_02 / 168-168).

Die Jugendlichen sind zwar der Meinung, dass die Fachkräfte der Sozialen Arbeit etwas über den Islam wissen, merken aber zum Teil an, das dies wenig ist.

„Manchmal äh manchmal ich denke, die wissen nicht über Islam oder Muslim"
(G2 / Mädchen_02 / 392-392)[86]

Das vorhandene Wissen bezieht sich vor allem auf die religiösen Pflichten.

„Die wissen zum Beispiel, dass wir Ramadan machen und beten oder Koran lesen."
(G3 / Junge_02 / 356-356)

Der Wissenserwerb findet sehr unterschiedlich statt und ist abhängig von dem/der jeweiligen MitarbeiterIn. Zum Teil erfolgt er durch ehrenamtliche Arbeit und auto-didaktisch. Manche Fachkräfte informieren sich überhaupt nicht über den Islam.

„Der Verein für soziale und interkulturelle Arbeit ist ja speziell ausgerichtet für auf Migranten. Ja. Habe da einfach viel viel kennen gelernt, mich viel beschäftigt damit, viel Austausch gehabt. Das war also eigentlich eher eine autodidaktische Annäherung an das Thema."
(G1 / Experte_01 / 130-130)[87]

„[...] Gar nicht, ehrlich gesagt."
(G1 / Experte_02 / 107-108)

Fortbildungen zum Thema interkulturelle Kompetenz werden als ineffektiv gese-hen, da sie nichts Neues enthalten.

„Aber wenige und die haben mir nicht so viel gebracht, weil ich da einfach das Gefühl gehabt hatte, das ist für mich nichts so etwas Neues. Also wo es so eher um interkultu-relle Kompetenz ging oder so etwas, das habe ich schon irgendwie oder wo es mitge-spielt hat bei all den Fortbildungen. Aber da ist es mir gar nicht so was als wirklich für mich persönlich ähm Weiterbringendes in Erinnerung."
(G1 / Experte_01 / 130-130)

Die Jugendlichen gehen davon aus, dass Fachkräfte der Sozialen Arbeit durch die muslimischen SchülerInnen und durch die Zeitung etwas über den Islam lernen, aber nicht für sich etwas recherchieren.

„Aber ich denke nicht, dass sie sich so groß hinsetzen und über den Islam jetzt so re-cherchieren oder so, glaube ich eher nicht."
(G2 / Mädchen_01 / 182-182)[88]

Ein Jugendlicher merkt an, dass der Wissenserwerb über externe Quellen erfolgen sollte und nicht über die Jugendlichen.

---

[86] Siehe auch (G2 / Mädchen_02 / 388-388), (G2 / Mädchen_02 / 396-396), (G3 / Junge_01 / 206-206), (G3 / Junge_01 / 207-208), (G3 / Junge_01 / 214-214) und (G3 / Junge_02 / 360-360).
[87] Siehe auch (G1 / Experte_01 / 128-128).
[88] Siehe auch (G2 / Mädchen_01 / 182-182) und (G2 / Mädchen_02 / 392-392).

"Ja, die können schon auch fragen, aber am liebsten also Informationen von den anderen, also so von irgendwo her kriegen oder keine Ahnung so von der Moschee oder."
(G3 / Junge_02 / 384-384)

6.6.4.4 Kompetenzen

Die Fachkräfte der Sozialen Arbeit weisen in ihrer Arbeit zwei Defizite auf:

1) Auch Fachkräfte der Sozialen Arbeit sind mit Klischees behaftet. Sie stehen in der Gefahr Kompetenzen und Fähigkeiten der Jugendlichen nicht ausreichend zu erkennen und die Migration und mangelnde Förderung nicht als Grund für die Probleme im Bildungsbereich zu sehen.

"Dass das einfach schon ähm ja ganz oft oder zu oft auch Klischees in den Köpfen herumgeistern, ja die sind, da muss man aufpassen mit Zwangsheirat und die sind irgendwie religiös fundamentalistisch verbohrt oder aufgeheizt oder aufgepuscht oder so."
(G1 / Experte_01 / 124-124)[89]

2) Es gibt Situationen (z.B. eine ungeplante Schwangerschaft), in denen die pädagogischen Fachkräfte den Jugendlichen helfen wollen und dabei die Lage unterschätzen, da sie die kulturellen Umstände der Jugendlichen zu wenig kennen.

"Ich denke halt, die wollen helfen, aber manchmal können sie die Situation auch unterschätzen, weil sie nicht so viel wissen. Die wollen helfen, aber sie wissen nicht wie manchmal wie Mädchen in, also manchmal stecken die Mädchen in scheiß Situationen, und die wissen wirklich nicht wie manchmal die Eltern überhaupt reagieren können."
(G2 / Mädchen_01 / 184-184)

Pädagogische Fachkräfte benötigen in der Arbeit mit türkischen/muslimischen Jugendlichen wichtige Kompetenzen bzw. sollten einige Aspekte berücksichtigen:

1) Fachkräfte der Sozialen Arbeit können gegenüber Jugendlichen mit türkischem Migrationshintergrund ein gutes Zeichen setzen, wenn sie etwas von der türkischen/muslimischen Kultur wissen, sich auf diese einstellen und zeigen, dass sie nicht in Klischees verhaftet sind.

"Ich glaube die Gefahr ist nicht einmal so groß, dass man jetzt in vielen Fällen die die religiösen Gefühle der Leute oder der Jugendlichen jetzt da irgendwie ähm stark berührt oder so etwas. Ich glaube eher, dass es ein gutes Zeichen ist, das man setzen kann, ich nehme wahr, ich kenne etwas von der Kultur, ich möchte mich da ein bisschen auch drauf drauf einstellen. Ich bin da kein kein

---

[89] Siehe auch (G1 / Experte_01 / 138-138).

> *Trampel oder kein eben kein kein Mensch, der da in irgendwelche Klischees*
> *verhaftet ist."*
> (G1 / Experte_01 / 136-136)

2) Eine weitere wichtige Kompetenz ist die Fähigkeit sich in die Jugendlichen mit türkischem Migrationshintergrund hineinversetzen zu können. Unter Hineinversetzen ist der Versuch gemeint, zu verstehen, was es für muslimische Jugendliche bedeutet in ihrer Kultur oder Religion aufzuwachsen.

> *„Ich (?) mal schon durch, ich weiß jetzt nicht genau wie das Schlagwort heißt,*
> *aber wär schon so dieses ähm schon wissen was es mit der Jugendlichen*
> *macht, wenn sie in dieser Religion oder in dieser Kultur aufgewachsen ist?*
> *Oder ja oder was heißt denn des, wenn man Muslime ist, oder oder ähm ja wie*
> *wirkt sich das aus, dieses sich reinversetzen in so eine Jugendliche. Ich glaube,*
> *dass das schon auch eine wichtige Kompetenz ist."*
> (G2 / Experte_02 / 122-122)

3) Fachkräfte der Sozialen Arbeit stellen für die SchülerInnen eine Vertrauensperson dar. Sie stehen in einem anderen Verhältnis zu den Jugendlichen als die LehrerInnen. Daher ist es wichtig, dass die pädagogischen Fachkräfte Vertrauen aufbauen und sich dessen bewusst sind.

> *„Weil Lehrer, da habe ich auch schon viel erlebt, dass die also doch irgendwie*
> *in manchen Situationen mal gesagt haben was passiert ist, auch wenn die*
> *Schüler ihnen vertraut haben. Zum Beispiel meine Lehrerin wusste, dass ich*
> *rauche. Die wusste genau, dass meine Eltern das nicht wissen, aber hat es*
> *trotzdem gesagt. Also bei der Sozialarbeitern hier würde das jetzt nicht vor-*
> *kommen, weil sie weiß schon so viel. Ich meine, da wird sie nie etwas sagen.*
> *Ihr kann ich auch gut vertrauen."*
> (G2 / Mädchen_01 / 178-178)

4) Weiterhin sollten alle pädagogischen Fachkräfte dazu beitragen den Rassismus in der Klasse abzubauen.

> *„Ich würde halt schauen, dass da halt zum Beispiel die Mitschüler nicht so*
> *rassistisch sind so nicht sagen, dass Deutsche das sind und so halt. Das mag*
> *ich nicht so. Es sind alle Menschen gleich. Dass es kein Außenseiter wird we-*
> *gen was die Nationalität ist oder zum Beispiel Juden."*
> (G3 / Junge_01 / 216-216)

5) Die Probleme, welche aufgrund von Nationalität und Religion entstehen, sollten die Fachkräfte ansprechen und mit der Klasse thematisieren.

> *„Dass die Lehrer mehr äh zum Beispiel auch reden zum Beispiel reden, wenn*
> *was, wenn zum Beispiel in der Klasse so etwas ist, dass sich Mitschüler sich*
> *nicht mögen, weil sie andere Nationalität sind und darüber reden und so."*
> (G3 / Junge_01 / 218-218)[90]

---

[90] Siehe auch (G3 / Junge_01 / 241-242).

Lediglich einer der befragten Jugendlichen erwartet von Fachkräften der Sozialen Arbeit keine besonderen Kompetenzen. Er ist sich dessen nicht sicher, ob im Umgang mit Jugendlichen mit türkischem Migrationshintergrund überhaupt spezielle Kompetenzen benötigt werden.

> *„[...] Ich sage mal, bei mir ist das nicht so. Ich weiß es echt nicht, ob das was bringt oder nicht. Ich weiß es nicht. Weil bei mir ist es nicht so eigentlich. Ich passe mich auch denen an und eigentlich nicht so. Ich weiß es nicht, ob das was bringt."*
> (G3 / Junge_03 / 165-166)

6.6.4.5 Fortbildung

Fast alle Befragten kommen zu dem Schluss, dass Fachkräfte der Sozialen Arbeit in der Regel zu wenig über den Islam wissen und es daher für sie gut ist eine Fortbildung zu dieser Thematik zu besuchen.

> *„I: Sollten die dann praktisch die Sozialarbeiter oder Lehrer mehr über den Islam wissen, damit sie das besser einschätzen können, oder?*
> *B: Ich denke schon, ein bisschen mehr. Sollte schon schon sein."*
> (G2 / Mädchen_01 / 185-186)[91]

Aus Sicht der befragten Fachkräfte der Sozialen Arbeit gibt es allerdings viele Bereiche, in denen sie sich fortbilden müssten. Dies ist aus Zeitgründen nicht immer möglich bzw. andere Thematiken wären für sie wichtiger.

> *„Ich würde gerne mehr wissen. Ähm, das ist irgendwie eine Zeitsache. Es gibt auch eine Menge andere Sachen, wo ich auch gerne mehr wissen würde. Ich bin eigentlich immer sehr aufgeschlossen und wissbegierig. Man kann nicht alles machen."*
> (G1 / Experte_01 / 148-148)[92]

Eine Fortbildung wäre gut um Fragen und Vorbehalte zu klären. So könnten türkische und muslimische Jugendliche anschließend besser verstanden und ihre Lebenssituation besser eingeschätzt werden.

> *„Genau, da hätte ich glaube ich noch viele Fragen oder auch Vorbehalte, wenn ich ehrlich bin. Die mal aufzuklären, wäre glaube schon auch gut."*
> (G1 / Experte_02 / 160-160)[93]

---

[91]   Siehe auch (G1 / Experte_01 / 124-124), (G1 / Experte_02 / 105-106), (G1 / Experte_02 / 142-144), (G3 / Junge_02 / 380-380) und (G3 / Junge_02 / 384-384).
[92]   Siehe auch (G1 / Experte_02 / 144-144).
[93]   Siehe auch (G1 / Experte_02 / 164-164).

Eine Fortbildung sollte folgende Thematiken beinhalten:

1) Zunächst bedarf es einiger Grundinformationen über den Islam, die lokalen Traditionen, die vielfältigen Lebensweisen innerhalb der muslimischen Gruppe und Informationen über türkische/muslimische Familienverhältnisse.

> „Also (denkt *nach*) ja über ich meine über Religion und so halt, dass
> I: *Also eher das, was im Koran steht und so oder?*
> B: *Ja, auch so ein bisschen das, was im Koran steht und auch also was die türkischen Familien machen und so oder muslimische Familie. Oder die können sich auch manchmal fragen, warum tragen sie überhaupt Kopftuch und so.*
> I: *Dass sie da selber äh*
> B: *Oder warum essen sie kein Schweinefleisch."*
> (G3 / Junge_02 / 368-372)[94]

2) Ein zweiter wichtiger Aspekt stellt die Selbstreflexion der TeilnehmerInnen in Bezug auf die Haltung zum Islam, den eigenen Glauben und den Einfluss der Religion und Tradition auf das eigene Leben dar.

> „I: *Wäre das auch zum Beispiel Inhalt von so einer Fortbildung ähm, dass sich die Mitarbeiter sich auch über ihren über ihren eigenen Glauben ähm bewusst werden oder sich da eine Stellung, weil Sie vorher gesagt haben, dass es wichtig ist eine eigene Position zu beziehen?*
> B: *Mmh. Also wenn die wenns äh speziell drum geht also von Fortbildung eben um um interreligiöse Kompetenz haben Sie es vorher glaube ich genannt, ne? Dann auf jeden Fall, dann würde ich schon sagen, das gehört dazu. Ohne den Anspruch, dass man dann da irgendwie zu einer Haltung findet, aber das ist schon wichtig, sich dann auch mit mit seinen eigenen Sachen auseinander zu setzen, in wie weit prägt mich die Religion, die Tradition, ähm von in der ich aufgewachsen bin?"*
> (G1 / Expert_01 / 159-160)[95]

3) Ein dritter Block thematisiert muslimische Jugendliche in der Jugendberufshilfe, in dem Handlungsanweisungen im Umgang mit dieser Zielgruppe und Auswirkungen der Religion auf die Berufswahl oder das SchülerInnensein in Deutschland erarbeitet werden.

> „Also mich würde es glaube ich dann reizen, wenn es wirklich darum ginge Islam in der Jugendberufshilfe, also wenn es wirklich so. Weil so über den Islam generell, wo ich denke, ho, also das finde ich nicht so spannend. Aber eher so, wie gehe ich mit islamischen Ju äh muslimischer Jugendliche um oder speziell

---

[94] Siehe auch (G1 / Experte_01 / 134-134), (G1 / Experte_02 / 123-126), (G2 / Mädchen_01 / 188-188) und (G3 / Junge_01 / 209-210).
[95] Siehe auch (G1 / Experte_01 / 160-160) und (G1 / Experte_02 / 151-152).

in der Schule oder speziell zum Thema Beruf. Das finde ich dann schon span-
nend."
(G1 / Experte_02 / 146-146)[96]

6.6.5 Die Rolle der Eltern

Die Eltern muslimischer Jugendlicher haben einen erheblichen Einfluss auf die berufliche Orientierung der Jugendlichen. Je stärker der religiöse Bezug der Eltern ist, desto weniger Kontakt haben sie zu den Fachkräften der Sozialen Arbeit und desto schwieriger ist die berufliche Orientierung für die Jugendlichen.

"Und je mehr die sich öffnen auch, sage ich mal, sich dieser deutschen Gesellschaft anzupassen, desto mehr haben die Eltern Interesse, desto mehr suchen die Kontakt auch zu mir oder unterstützen die Jugendlichen. Und je mehr die, sage ich mal, in ih-ren religiösen hmm sag ich mal da Hintergrund drin bleiben, desto schwerer ist es für die Jugendlichen auch sich hier auch beruflich sich zu orientieren."
(G1 / Experte_02 / 42-42)

Sprachliche Probleme hindern die Eltern daran an Elternabenden teilzunehmen. Auch bei persönlichen Kontakten stellen die geringen Deutschkenntnisse ein Hindernis dar. In diesen Fällen fungieren die SchülerInnen in der Regel als ÜbersetzerInnen. Die sprachlichen Probleme der Eltern wirken sich auch auf die Jugendlichen und deren schulische Entwicklung aus, da sie ihre Kinder weniger unterstützen können.

"Aber so mal nachschauen funktioniert sowieso nicht. Die können es nicht, verstehen die Sprache nicht. Dann ist es auch ein ganz ganz großer Nachteil für die Schüler. So sehe ich das. Also es muss einfach sein, dass die Eltern Deutsch sprechen können, so-gar müssen. Also ich. Das geht nicht anders. Auch für die für die Kinder dann. Das ist wirklich besser so."
(G2 / Mädchen_01 / 164-164)[97]

6.6.6 Sonstiges

Die befragten Fachkräfte der Sozialen Arbeit sehen einen Bedarf an muslimischen MitarbeiterInnen bzw. MitarbeiterInnen mit Migrationshintergrund. Nicht alle ArbeitgeberInnen haben hingegen vor muslimische MitarbeiterInnen einzustellen.

---

[96] Siehe auch (G1 / Experte_02 / 150-150).
[97] Siehe auch (G1 / Experte_01 / 40-40), (G2 / Mädchen_01 / 50-50), (G2 / Mädchen_01 / 54-54) und (G2 / Mädchen_01 / 164-164).

„Ähm ich finds gut und fördernswert, wenn in ähm bei uns in den Jugendberufshilfe-
projekten, allgemein auch in den äh Einrichtungen, die die zumindest auch einen grö-
ßeren Anteil an Migranten hat, finde ich es gut wenn eben auch Migranten und eben
auch muslimische Mitarbeiter da sind. [...] Wobei es auch nicht so sein muss, dass
man jetzt unter absolutem Zwang und und auf Teufel komm raus, Hauptsache wir ha-
ben da jetzt jemand mit Migrationshintergrund und das ist jemand, der aber irgendwie
mit der Arbeit oder mit den Jugendlichen überhaupt nicht kann. Das nützt uns dann
auch nichts. Das ist klar."
(G1 / Experte_01 / 162-162)[98]

Die Jugendlichen mit Migrationshintergrund nehmen in Deutschland zu. Es ist zu
prüfen, welche Auswirkungen dieser Hintergrund für jeden einzelnen Jugendlichen
hat, da man nicht davon ausgehen kann, dass der Migrationshintergrund jede Person gleich beeinflusst.

„Also die Jugendlichen mit Migrationshintergrund, die nehmen zu. Ne? Also Deutsch-
land ist ein Zuwanderungsland und war es schon immer und äh es gibt immer mehr
binationale Ehen. Alleine dadurch ähm bleiben wir Deutsche nicht unter uns. [...]Ähm
wobei Migrationshintergrund ist natürlich auch wieder etwas Relatives. Das kann
man jetzt an irgendwelchen Generationsmerkmalen festmachen. In wie weit der Mig-
rationshintergrund wirklich noch prägend ist im Leben der Leute, das ist wieder die
andere Frage. Da gibt es Leute, die die haben seit 18 Jahren eine Duldung und die
sind deutscher wie wie wie manches italienisches Gastarbeiter Urenkel."
(G1 / Experte_01 / 166-166)

Die Verteilung der MigrantInnen ist in Deutschland regional verschieden. Dies
kann einen Unterschied in der Zusammensetzung der Gruppe und in der Art und
Weise, wie mit den Jugendlichen umgegangen werden muss, mit sich bringen. In
Freiburg leben aufgrund der geringen Industrie wenig ArbeitsmigrantInnen.

„Nee, in Freiburg nicht einmal so viele. Also es sind natürlich schon, das sind, aber
Freiburg hatte ja keine kaum Industrie. Und da sind nicht so viele Arbeitsmigranten
gekommen. Die Arbeitsmigranten, die waren überwiegend Italiener und das ist eben
wirklich regional unterschiedlich. In Freiburg sind ähm relativ viele Kurden, die erst
in den achtziger, neunziger Jahren als politische Flüchtlinge hergekommen sind. Das
ist dann oft die zweite Generation jetzt, die die hier bei uns in der Jugendberufshilfe
ist."
(G1 / Experte_01 / 166-166)

Jugendliche mit türkischem Migrationshintergrund benötigen türkische Vorbilder
um ihre Situation nicht als ausweglos zu sehen. Erfolgreiche türkische Frauen und
Männer können ein solches Vorbild darstellen. Da die Jugendlichen von Gleichalt-
rigen Dinge anders annehmen als von Erwachsenen, stellen andere Jugendliche mit
türkischem Migrationshintergrund, die auch an einer Jugendberufshilfemaßnahme
mit Erfolg teilnahmen, eine zweite Gruppe an möglichen Vorbildern dar.

---

[98] Siehe auch (G1 / Experte_02 / 183-184) und (G1 / Expert_02 / 26-26).

„Und ich habe jetzt neulich mal die Idee gehabt auch, dass ich sage ich mal ehemalige Jugendliche von vor zwei, drei Jahren einlade, dass die so ein bisschen berichten wie sie es jetzt machen. Und ich habe schon gemerkt, dass dieses dieses ähm wie heißt das peer education, also von den Jugendlichen was aufnehmen, dass das schon noch einmal anders ankam auch. Also da vielleicht mal eine türkische Jugendliche zu finden, die die das anpackt und sich nicht in diesen naja ich werd halt eh Hausfrau, Mutter"

(G1 / Experte_02 / 184-184)[99]

---

[99] Siehe auch (G1 / Experte_01 / 176-176).

6.6.7 Ergebnisse der Kategorie 5 im Vergleich

Ein Vergleich der Aussagen der drei Gruppen (Experten – G1, Mädchen – G2 und Jungen – G3) ergibt in der Kategorie 5 `Die Jugendberufshilfe´ folgendes Ergebnis:

Experten (G1)	Mädchen (G2)	Jungen (G3)
`Die Bedeutung der Jugendberufshilfe für die Jugendlichen´	`Die Bedeutung der Jugendberufshilfe für die Jugendlichen´	`Die Bedeutung der Jugendberufshilfe für die Jugendlichen´
Keine Aussage	Die Maßnahme wird prinzipiell als positiv gesehen. Die SchülerInnen sind hauptsächlich AusländerInnen.	Die Maßnahme wird prinzipiell als positiv gesehen. Die SchülerInnen sind hauptsächlich AusländerInnen.
`Die Bedeutung der Religion´	`Die Bedeutung der Religion´	`Die Bedeutung der Religion´
Es wäre Interesse an einem Religionsunterricht vorhanden. Die Religiöse Orientierung der Jugendlichen beeinflusst die Arbeit der Jugendberufshilfe.	Die Religion spielt kaum eine Rolle in der Jugendberufshilfe.	Die Religion spielt kaum eine Rolle in der Jugendberufshilfe.
`Geschlechtsspezifischer Umgang´	`Geschlechtsspezifischer Umgang´	`Geschlechtsspezifischer Umgang´
Geschlechtsspezifische Angebote sind für Jugendlichen aus traditionellen Familien wichtig. Es ist wichtig auch geschlechtsspezifische Bezugspersonen zu haben.	Keine Aussage	Keine Aussage

Experten (G1)	Mädchen (G2)	Jungen (G3)
`Fachkräfte der Sozialen Arbeit´	`Fachkräfte der Sozialen Arbeit´	`Fachkräfte der Sozialen Arbeit´
Die Fachkräfte versuchen mit den Eltern der Jugendlichen eine Mischlösung zwischen Tradition und Moderne zu finden.	Die Haltung der Fachkräfte der Sozialen Arbeit ist sehr unterschiedlich, von neutral bis negativ.	Die Fachkräfte der Sozialen Arbeit sind neutral.

Die Haltung gegenüber dem Islam ist von Skepsis und Unsicherheit geprägt.

Die Jugendlichen erwarten Respekt, Akzeptanz, Verständnis, Toleranz, Offenheit, Vorurteilsfreiheit, eine eigene Haltung, Wissen über den Islam und Interesse.

Der Wissenstand der Fachkräfte ist unterschiedlich. Der Wissenserwerb über den Islam erfolgt autodidaktisch oder gar nicht.

Fachkräfte der Sozialen Arbeit sind auch mit Klischees behaftet und erkennen die Kompetenzen der Jugendlichen nicht immer.

Eine wichtige Kompetenz der Fachkräfte ist die Fähigkeit sich in die Jugendlichen hineinzuversetzen.

Eine Nachqualifizierung der Fachkräfte wäre sinnvoll.

Die Mädchen erwarten von den Fachkräften Verständnis, Akzeptanz ohne Nachfragen, und gegenseitigen Respekt.

Die Fachkräfte der Sozialen Arbeit wissen etwas über den Islam. Dies ist aber zu wenig. Der Wissenserwerb erfolgt über die SchülerInnen oder Zeitungsartikel und nicht autodidaktisch.

Die Fachkräfte der Sozialen Arbeit unterschätzen manchmal die Situation der Jugendlichen.

Die Fachkräfte der Sozialen Arbeit sind wichtige Vertrauenspersonen. Es besteht Unklarheit über die Notwenigkeit einer Fortbildung.

Inhaltlich sollte eine Fortbildung die Fachkräfte über türkische Familienverhältnisse informieren.

Gegenüber dem Islam und der Türkei äußern sie keine Haltung.

Die Jungen erwarten von den Fachkräften Respekt, Verständnis und Gleichbehandlung aller Jugendlicher.

Die Fachkräfte der Sozialen Arbeit wissen etwas über den Islam. Dies ist aber zu wenig. Der Wissenserwerb sollte über externe Quellen erfolgen.

Die Fachkräfte der Sozialen Arbeit sollten den Rassismus in der Klasse verhindern und mit den Jugendlichen deren Probleme thematisieren.

Fachkräfte der Sozialen Arbeit sollten an einer Fortbildung teilnehmen.

Inhaltlich sollte eine Fortbildung Grundkenntnisse über den Islam, türkische Familienverhältnisse und das Leben der türkischen Jugendlichen thematisieren.

Experten (G1)	Mädchen (G2)	Jungen (G3)
Inhaltlich sollte eine Fortbildung Grundinformationen über den Islam geben, den eigenen Glauben reflektieren und muslimische Jugendliche in der Jugendberufshilfe thematisieren.		
`Die Rolle der Eltern´	**`Die Rolle der Eltern´**	**`Die Rolle der Eltern´**
Die Eltern muslimischer Jugendlicher nehmen selten an Elternabenden teil. Je traditioneller die Eltern sind, desto weniger Kontakt haben sie zur Fachkraft der Sozialen Arbeit und desto weniger unterstützen sie ihre Kinder auf dem beruflichen Werdegang.	Gute Deutschkenntnisse der Eltern sind für die Jugendlichen von Vorteil. Sprachprobleme hindern die Eltern daran sich in der Schule zu engagieren.	Keine Aussage
`Sonstiges´	**`Sonstiges´**	**`Sonstiges´**
Muslimische MitarbeiterInnen bzw. MitarbeiterInnen mit Migrationshintergrund wären gut. In Deutschland gibt es regionale Unterschiede der türkischen Jugendlichen in Bezug auf ihre Zusammensetzung. Die Jugendlichen benötigen Vorbilder.	Keine Aussage	Keine Aussage

7 INTERPRETATION DER ERGEBNISSE

Der vergangene Abschnitt stellte die Ergebnisse der durchgeführten Forschung dar. Nun werden die einzelnen Kategorien im Folgenden ausgewertet. Zu diesem Zweck werden die Thesen aus Abschnitt fünf miteinander und mit der vorhandenen Literatur verglichen, sowie durch die Ergebnisse der hermeneutischen und der geschlechtsspezifischen Betrachtung der Interviews ergänzt. Da ich zur Thematik dieser Arbeit keine explizite Literatur finden konnte, werde ich mich hauptsächlich auf die aufgeführte Literatur in Teil eins der vorliegenden Arbeit beziehen. Abschließend erfolgen eine Zusammenfassung der wichtigsten Resultate und eine Überprüfung der in Abschnitt 5.1 entwickelten theoriegeleiteten Hypothesen.

7.1 Die Sozialisation/Erziehung türkischer Jugendlicher

Die Kategorie `Die Sozialisation/Erziehung türkischer Jugendlicher´ nimmt, wie der Name bereits ankündigt, die Sozialisation und die Erziehung türkischer Jugendlicher in Deutschland in den Blick. Dabei stehen die Familienverhältnisse, die Bedeutung der Religion und die geschlechtsspezifische Erziehung im Mittelpunkt. Bei der Betrachtung der Ergebnisse und im Vergleich mit der in Abschnitt 1.2 dargestellten Literatur sind große Zusammenhänge und Parallelen in Bezug auf Jugendliche mit türkischem Migrationshintergrund festzustellen.

Zusammengefasst kann festgestellt werden, dass in der Erziehung türkischer Jugendlicher große Heterogenität besteht. Die Ausprägung kann von vielen Faktoren abhängen. Der Migrationszeitpunkt, die Bedeutung der Religiosität und die Familie spielen hierbei eine Rolle. Der Einfluss der Religion und die geschlechtsspezifische Erziehung sind sehr unterschiedlich sichtbar. Diese Ergebnisse bestätigen die Aussage von Yada, dass Jugendliche mit türkischem Migrationshintergrund in unterschiedlichen Milieus aufwachsen (vgl.: 1.2).

Die Familie als primärer Sozialisationsort ist für alle befragten Jugendlichen ein wichtiger Bezugspunkt. Bereits Schönpflug ging davon aus, dass die Sozialisation von MigrantInnen im Zusammenhang mit der Familie gesehen werden muss. Die türkischen Familienformen scheinen sehr heterogen zu sein. Auch wenn in der vorliegenden Untersuchung keine genaueren Daten abgefragt wurden, gehe ich davon aus, dass die von Atabay erforschten Familienformen (vgl.: 1.2) den Familien, aus denen die befragten Jugendlichen stammen, ähneln. Es gibt Jugendliche, die sehr traditionell erzogen wurden. Andere wiederum wuchsen in einer Mischung aus türkischer Tradition und deutscher Moderne auf. Ein befragter Jugendlicher sagt über seine Eltern, dass diese sich an die deutsche Kultur anpassen und Wert darauf legen, dass er dies auch tut.

In der Familie findet die Wertevermittlung statt (vgl.: 1.2). Dabei stehen die Bedeutsamkeit der Familie und die Ausübung der Religion im Mittelpunkt. In welcher Art und Weise die Religion ausgelebt wird, ob eher traditionell oder modern, ist unterschiedlich. Fast alle Eltern der befragten Jugendlichen schicken ihre Kinder zusätzlich in die Koranschule der Moschee, damit sie viel über den Islam lernen. Gemäß Tepecik (vgl.: 1.2) hat die Religion vor allem in religiös-traditionellen Familien eine große Bedeutung. Die Unterschiede im befragten Sample, in Bezug auf die Religion in der Erziehung, bestätigen, dass eine Verbindung zwischen der Bedeutung der Religion und dem Familientyp besteht.

Durch die Daten des Kurzfragebogens wird ersichtlich, dass die meisten der befragten Jungen und Mädchen in der Türkei geboren und selbst migriert sind. Nach Schönpflug (vgl.: 1.2) ist die Sozialisation in der Migrationssituation zu betrachten, da diese Einfluss auf die Jugendlichen haben kann. Einige der Eltern sind bereits früher nach Deutschland migriert als ihre Kinder. Diese lebten in der Zwischenzeit bei den Großeltern in der Türkei. Im befragten Sample ist lediglich ein Mädchen vertreten, welches der dritten Generation der ArbeitsmigrantInnen aus den 60er Jahren zuzuordnen ist.

Die restlichen Jugendlichen gehören zur Gruppe kurdischer Flüchtlinge oder sind aus anderen Gründen nach Deutschland migriert. Die meisten der Jugendlichen scheinen die deutsche und türkische Kultur in ihr Leben zu integrieren. Der Befragte I. scheint annähernd eine Assimilation der deutschen Kultur vollzogen zu haben, da für ihn Anpassung mit der Ablegung des Islam gleichzusetzen ist. Die Separationsstrategie scheint keiner der befragten Jugendlichen komplett zu vollziehen. Das Mädchen D. befindet sich allerdings nach Meinung der Verfasserin, zwischen der Integration und Separation mit stärkerer Tendenz zu Letzterer. Folglich ist der Umgang türkischer Jugendlicher mit der Migrationssituation sehr unterschiedlich.

Die geschlechtsspezifische Erziehung findet in vielen Familien statt. Auch wenn eine Annäherung der Erziehungsstile in Bezug auf Mädchen und Jungen erfolgt, haben Mädchen in der Regel weniger Rechte. Die Einschränkungen beziehen sich auf das abendliche Weggehen, die Einhaltung der religiösen Pflichten und auf die Tatsache, dass Mädchen vor ihrem 18. Lebensjahr keinen Freund haben dürfen. Die befragten Mädchen lassen sich den nach Riesner entwickelten Gruppen türkischer Frauen zuordnen (vgl.: 1.2). C. gehört der Gruppe der `bikulturell´ orientierten Frauen an. Sie ist mit der deutschen und türkischen Kultur aufgewachsen. Wenn sie mit einer religiösen Regel nicht einverstanden ist, setzt sie sich offen mit ihren Eltern auseinander und umgeht Dinge, die sie für nicht richtig hält. D. hingegen ist in der Türkei aufgewachsen und hatte keinen Kontakt zur deutschen Kultur. Sie ist traditioneller erzogen als C. und ihre Freunde sind ebenfalls aus der Türkei. Daher ist D. der Gruppe der eher `türkisch´ orientierten Frauen zuzuordnen. Dass sie sich offen mit ihren Eltern auseinandersetzt, ist eine Besonderheit, die der genannten Gruppe nach Riesner nicht zuzuordnen ist. In Bezug auf die befragten Jungen ergeben sich keine besonderen Erkenntnisse. Es ist lediglich festzuhalten, dass diese mehr Rechte haben.

Bei geschlechtsspezifischer Betrachtung der Kategorie `Die Sozialisation/Erziehung türkischer Jugendlicher´ und im Vergleich mit den Fachkräften der Sozialen Arbeit fällt auf, dass sich alle drei Gruppen im Hinblick auf die große Relevanz des Familiensystems einig sind. Bezüglich der Bedeutung der Religion in der Erziehung zeigt sich, dass diese bei den Mädchen größer ist als bei den Jungen. Die Jugendlichen stimmen darin überein, dass die Mädchen häufig weniger Rechte haben als die Jungen. Auch bezüglich der religiösen Pflichten, die eigentlich für beide Geschlechter gelten, herrscht eine Ungleichheit vor. Die Befragte C. empfindet die ungleiche Behandlung als ungerecht und lehnt eine geschlechtsspezifische Erziehung der eigenen Kinder ab. Einer der Fachkräfte der Sozialen Arbeit weist darauf hin, dass die geschlechtsspezifische Erziehung vielmehr mit den Traditionen als mit der Religion zusammenhängt.

7.2 Muslimische Jugendliche mit türkischem Migrationshintergrund

In der Kategorie `Muslimische Jugendliche mit türkischem Migrationshintergrund´ wird diese Zielgruppe unter verschiedenen Aspekten betrachtet, die für die Jugendberufshilfe von Belange sein können. Dazu gehören die Bedeutung der Religion für die Jugendlichen, das Wissen über den Islam, die Identität, das Kopftuch und die Unterschiede zwischen muslimischen Jugendlichen. Der literarische Vergleich erfolgt vor allem mit den Ausführungen im Abschnitt 1.2 der zugrunde liegenden Arbeit.

Die Religion nimmt bei den Jugendlichen eine sehr heterogene Bedeutung ein. Zwar behaupten alle Jugendlichen, dass die Religion für sie sehr wichtig ist. Bei näherem Nachfragen zeigt sich aber, dass die Religion im Alltag sehr unterschiedlich umgesetzt wird. Bei manchen Jugendlichen ist von der Religiosität im Alltag kaum etwas zu spüren. Bei anderen wiederum hat die Religion großen Einfluss auf das tägliche Handeln. Dies hängt von der unterschiedlichen Bedeutung der Religion in der Erziehung ab. Auch die befragten Fachkräfte der Sozialen Arbeit bestätigen, dass es Unterschiede in der Auslebung der Religion gibt. Die Aussagen der

InterviewpartnerInnen stimmen mit der Beobachtung von Kelek überein, dass es die Ausübung der Religion ein individueller Prozess ist. (vgl.: 1.2) Die interviewten Jugendlichen gehören unterschiedlichen islamischen Gruppierungen an. Dabei sind die Mädchen Sunniten, zwei der Jungen ordnen sich den Aleviten zu und einer den Schiiten. Gemäß der Literaturanalyse (vgl.: 1.1) lässt sich dadurch schon ein Unterschied in der Ausübung der Religion feststellen. Beim hermeneutischen Vergleich der Interviews stellt sich heraus, dass die religiöse Ausprägung der Jugendlichen desto traditioneller ist, je später der Migrationszeitpunkt stattfindet. Der Zeitpunkt der Migration scheint für die Jugendlichen mit türkischem Migrationshintergrund ein weiterer wichtiger Einflussfaktor auf die religiöse Ausprägung zu haben. Die befragten Jugendlichen, die in Deutschland geboren sind bzw. mit zwei oder drei Jahren migrierten, leben wesentlich stärker zwischen der Moderne Deutschlands und den Traditionen des Islam als die Jugendlichen, die erst mit 16 oder 22 in die Bundesrepublik einreisten. In der zuletzt genannten Gruppe war der Einfluss der traditionellen Erziehung in der Türkei erheblich größer und prägender als bei den Jugendlichen, die in jungen Jahren nach Deutschland kamen.

Trotz dieser Beobachtung ähnelt die Werteorientierung der Jugendlichen der ihrer Eltern. Es zeigt sich, dass, wie Martina Sauer in ihrer Untersuchung erforschte (vgl.: 1.1), die Werteorientierung sich mit steigender Aufenthaltsdauer nicht an die Mehrheitsgesellschaft angleicht. Die grundlegenden Werte, wie Familienzusammenhalt und die Bedeutung der Religion, bleiben vorhanden.

Zudem sind die lokalen türkischen Kulturen nicht zu unterschätzen, welche zum Teil eine größere Bedeutung haben als die Religion. Dadurch verstärkt sich die Heterogenität zwischen den Jugendlichen. Dies zeigt sich auch in folgendem Beispiel: Der Befragte I. erzählte, dass die Aleviten nicht mehr beten, da ihr Prophet beim Beten von hinten erstochen wurde. F., der ebenfalls Alevite ist, betet hingegen oft. Folglich kann man selbst über die einzelnen Religionsgruppen keine allgemeingültigen Aussagen treffen.

Bezüglich des Wissensstandes der Jugendlichen über den Islam gibt es große Unterschiede. Die Jugendlichen geben selber zum Teil zu, dass sie zu wenig wissen. Die Fachkräfte der Sozialen Arbeit beobachten, dass das Wissen der Jugendlichen zum Teil sehr oberflächlich und klischeehaft ist und mit lokalen Kulturen vermischt wird. Viele Mädchen können zum Beispiel nicht begründen, warum sie ein Kopftuch tragen und entziehen sich einer Diskussion. So bezeichnet sich z.B. auch D. als Vegetarierin, weil sie nicht erklären möchte, dass sie nur geschächtetes Fleisch isst: *„Wir dürfen nicht Schwein essen. Und sie hat gesagt, `Ja, das ist nicht Schweinefleisch.´ Ich habe gesagt, `Ja, dann ich will nicht über das Thema diskutieren.´ Und ich sage einfach, ich bin, wie heißt die, die nicht Fleisch essen? I: Vegetarier.“* (G2 / Mädchen_02 / 428-429) Der Junge H. zieht es vor, dass sich die

Fachkräfte der Sozialen Arbeit über externe Quellen informieren, um nicht selbst Auskunft über den Islam geben zu müssen. Dieses Entziehen vor einer Diskussion kann auch darauf zurück geführt werden, dass die Jugendlichen mit türkischem Migrationshintergrund, wie es der Religionsmonitor der Bertelsmann Stiftung beschreibt (vgl.: 1.2), eine Verteidigungsposition einnehmen, da sie immer wieder aufgefordert werden, Fragen über den Islam zu beantworten. Die Untersuchung von Öztürk mit bildungsnahen türkischen Jugendlichen (vgl.: 1.2) ergab, dass die Jugendlichen ihr Wissen über den Islam als zu gering einschätzen. Durch die Ergebnisse des vorliegenden Samples, welches eher als bildungsferner zu sehen wird, kann die These von Öztürk bezüglich dieses Samples erweitert werden. Demnach scheint die Einschätzung eines zu geringen Wissens nicht unbedingt vom Bildungsniveau abzuhängen.

Das Wissen über den Islam erlangen die Jugendlichen aus unterschiedlichen Quellen, darunter auch von den Eltern. Dies ist abhängig von der Bedeutung der Religion in der Erziehung. Zudem können die Eltern häufig ihr Wissen nicht ausreichend an ihre Kinder weitergeben. Es liegen unterschiedliche Gründe dafür vor: Einige türkische Eltern können weder lesen noch schreiben. Dadurch wird das Wissen über den Islam lediglich mündlich weiter gegeben. Bei mündlichen Überlieferungen kommt es immer wieder zu falschen Weitergaben. Zudem ist davon auszugehen, dass die Eltern nicht alles wissen. Um die Wissenslücken zu füllen, legen viele Eltern Wert darauf, ihre Kinder in die Moschee zu schicken, um am Koranunterricht teilzunehmen.

In einem Gespräch mit einem Imam einer Moschee in Deutschland erfuhr die Verfasserin, dass die einzelnen Moscheen in Deutschland keinen einheitlichen Lehrplan haben und die Vermittlung über den Islam stark von der jeweiligen Moschee abhängt. Die Befragte C. betont die Bedeutung der ErzieherInnen, die ihnen in der Moschee zur Verfügung stehen, um Wissen zu vermitteln. Diesen Aspekt sieht die Verfasserin etwas kritisch, da sie sich nicht sicher ist, ob die Imame und ErzieherInnen sich darüber bewusst sind, welche Verantwortung sie für den Wissensstand muslimischer Jugendlicher in Deutschland haben.

Die Fachkräfte der Sozialen Arbeit sind für die Einführung eines Islamunterrichts an öffentlichen Schulen, um das Wissen der SchülerInnen zu erweitern. Die Studie `MUSLIMISCHES LEBEN IN DEUTSCHLAND` bestätigt ebenfalls diesen Bedarf. Ihrer Umfrage zu Folge sind 76% der befragten Muslime für die Einführung eines solchen Islamunterrichts. (BMI 2009: 187)

Den Jugendlichen fällt es schwer ihre Identität zwischen Herkunftsland und Deutschland zu definieren. Sie haben sich bisher keine Gedanken darüber gemacht, wie sie sich selber sehen, und sie haben Probleme sich irgendwo zuzuordnen. Der

Befragte I. drückt dies sehr deutlich aus, indem er sagt, dass er nicht 100 Prozent Kurde sein kann, da er in Deutschland aufgewachsen ist. D., die erst mit 22 Jahren nach Deutschland kam, zeigt diese Unsicherheit in der starken Abgrenzung zu den in Deutschland geborenen türkischen Jugendlichen. Sie ist der Meinung, dass diese versuchen `Muslim-sein´ und Modernität zu vermischen und nicht wissen, was sie wollen. Dieses Verhalten zeigt, dass, wie Freise darstellt (vgl.: 1.2), die Identität durch die Migration aufs Spiel gesetzt und das Vorhandene in Frage gestellt wird. Generell hat die Nationalität bei den befragten Jugendlichen eine größere Bedeutung für die `personale´ Identität als die Religion. Bei den Kurden ist eine wesentlich stärkere Identifikation mit ihrer Volksgruppenzugehörigkeit feststellbar. Die Beobachtung von Tietze, dass sich Jugendliche mit türkischem Migrationshintergrund als Muslime bezeichnen, um Christen auf einer Ebene zu begegnen, wird in dem Sample der vorliegenden Arbeit nicht bestätigt.

Die in 1.2 von Freise dargestellten Spannungsfelder, in denen sich Jugendliche mit türkischem Migrationshintergrund befinden, werden von den befragten Jugendlichen zwar als Unterschiede zwischen der türkischen und deutschen Kultur benannt. Den Jugendlichen zu Folge ist es für sie aber normal zwischen der Modernen und den Traditionen aufzuwachsen und zu leben. Es stellt für sie kein Problem dar. Die Interviews zeigen allerdings, dass das Leben zwischen der türkischen Tradition und der Moderne Deutschlands doch nicht immer so einfach ist.

Das Tragen eines Kopftuches wurde den Mädchen von den weiblichen Familienmitgliedern vorgelebt. Dies zeigt wiederum die Bedeutung der Familie. Auch wenn sich die Mädchen freiwillig dazu entscheiden ein Kopftuch zu tragen, scheint die Familie auch in religiösen Fragen ein wichtiger Sozialisationsort für die Jugendlichen zu sein.

Die Gruppe der muslimischen Jugendlichen ist sehr heterogen. Sie beziehen diese Unterschiedlichkeit vor allem auf die Einhaltung der religiösen Pflichten und machen dabei auf den Unterschied zwischen Sunniten, Schiiten und Aleviten aufmerksam. Gemäß ihren Aussagen halten sich die Aleviten weniger an die religiösen Pflichten als andere muslimische Gruppen. Dies entspricht der Literaturanalyse (vgl.: 1.1). Ansonsten gehen die Jugendlichen davon aus, dass sich türkische Muslime in Deutschland wenig unterscheiden. Eine Ausnahme bildet D.. Sie sieht große Unterschiede zwischen sich und den anderen türkischen Jugendlichen in Deutschland. Hierbei spielen die späte Migration und der Altersunterschied wohl eine große Rolle.

Bei geschlechtsspezifischer Betrachtung der Kategorie `Muslimische Jugendliche mit türkischem Migrationshintergrund´ und im Vergleich mit den Fachkräften der Sozialen Arbeit ist festzuhalten, dass es zwischen Mädchen und Jungen nur kleine Unterschiede gibt. Die Religion hat für alle eine große Bedeutung. Die Fachkräfte der Sozialen Arbeit betonen dabei die Beachtung der Unterscheidung zwischen lokalen Kulturen und der Religion. Während die religiösen Pflichten für Mädchen und Jungen gelten, müssen sich die Jungen im Alltag nicht unbedingt daran halten. Die Mädchen hingegen umgehen die Regeln zum Teil heimlich. Wie bereits beschrieben sind sich alle drei Gruppen darüber einig, dass das Wissen über den Islam nicht ausreichend ist. Die Fachkräfte schlagen deshalb einen Islamunterricht in der Schule vor. Die Jungen und Mädchen sind sich darin einig, dass das Kopftuchtragen eine freiwillige Entscheidung sein soll. Lediglich ein Junge merkt an, dass eine Frau ein Kopftuch tragen muss, wenn der Ehemann dies möchte.

7.3 Muslimische und christliche Jugendliche

Die Kategorie `Muslimische und christliche Jugendliche' beleuchtet das Verhältnis zwischen diesen beiden Gruppen. In diesem Zusammenhang wird auf die Aussagen über die Freunde der Befragten sowie das Verhältnis und die Unterschiede zwischen muslimischen und christlichen Jugendlichen eingegangen. Außerdem wird das Interesse an einem religiösen Austausch zwischen den Jugendlichen überprüft.

Bei einer Gegenüberstellung der Aussagen fällt auf, dass muslimische und christliche Jugendliche häufig unter sich sind. Dies sieht man unter anderem daran, dass die meisten der Freunde der Befragten TürkInnen sind oder aus anderen muslimischen Ländern stammen. Die gleiche Religion, dasselbe Herkunftsland oder dieselbe Sprache sind verbindende Elemente. Nach dem Entwicklungsmodell von Hardiman und Jackson (vgl.: 1.2) dienen der Zusammenschluss kulturell homogener Gruppen und die Entwicklung einer eigenen Gruppenkultur der Stärkung des Ichs. Damit Identität entstehen kann, bedarf es einer Abgrenzung. Folglich könnte dieses Verhalten wichtig für ihre Identitätsentwicklung sein.

Trotz dieser Trennung zwischen muslimischen und christlichen Jugendlichen scheint das Verhältnis zwischen ihnen in der Schule weitestgehend unkompliziert zu sein. Die Probleme treten derzeit, aufgrund der politischen Situation eher zwischen Muslimen und Juden auf. Dennoch sind rassistische Erfahrungen von TürkInnen durch Deutsche im Alltag immer wieder zu spüren.

Die Jugendlichen mit türkischem Migrationshintergrund nehmen die Unterschiede zwischen sich und deutschen Jugendlichen ungleich wahr. Für einige sind lediglich das Aussehen und die Religion verschieden. Andere wiederum merken im Alltag einige Unterschiede, die allerdings auch auf die Religion zurückzuführen sind. Hierzu gehören die geschlechtsspezifische Erziehung und die Bedeutung der religiösen Institution. Aus Sicht einer Fachkraft fällt es muslimischen Jugendlichen schwerer sich in das deutsche System einzufinden als deutschen Jugendlichen. Diese Schwierigkeiten spiegeln sich auch in der in 1.2 beschriebenen Bildungssituation wieder, dass Jugendliche mit Migrationshintergrund vermehrt an Hauptschulen sind und weniger Chancen haben.

Aufgrund der Nähe zur Religion haben muslimische Jugendliche ein Interesse am Christentum und am Austausch der Religionen. Sie wünschen sich eine Art Religionsunterricht, in der die einzelnen Religionen thematisiert werden und damit Vorurteile abgebaut werden können. Eine der befragten Fachkräfte der Sozialen Arbeit sieht einen alle Religionen umfassenden Religionsunterricht als einen schwierigen Prozess an, da die Begegnung mit dem Fremden Unsicherheit hervorruft und Widerstand bewirkt. Diese Haltung kann einen interreligiösen Austausch erschweren. Der Wunsch nach einem Ort des Austausches ist mit dem geringen Wissen über den Islam und der Forderung nach einem Islamunterricht zu verbinden. Nach Aussagen der jugendlichen InterviewpartnerInnen zeigen christliche Jugendliche ein geringes Interesse am Islam, sollten aber Kenntnisse darüber haben, um Vorurteile abbauen zu können.

Gemäß dem Ansatz des interreligiösen Dialogs (vgl.: 3.1) sind Fremderfahrungen und Selbstverstehen eng miteinander verbunden. Da ein interreligiöser Austausch aus Sicht der Fachkräfte der Sozialen Arbeit nicht ganz unproblematisch ist, sollte zunächst dem Selbstverständnis mehr Bedeutung geschenkt werden und die Einführung eines Islamunterrichts, wie in der vorherigen Kategorie bereits gefordert, im Vordergrund stehen. Wenn beide Gruppen genügend Selbsterfahrungen gesammelt haben, ist für sie die Fremderfahrung auch ohne Probleme handhabbar. Dadurch kann dann auch eine Identität mit dem Eigenen entstehen.

BAUMANN ergänzt diese These, indem er davon ausgeht, dass Kinder und Jugendliche zwar bestimmten Religionen angehören, sich dennoch auf der Suche nach einem eigenen Glauben befinden. Daher sollten sie in heterogenen Gruppen nicht als ExpertInnen für ihre Religion agieren, da sie dadurch überfordert sein könnten. Vielmehr ist es nach BAUMANN Aufgabe der Erwachsenen mit den Kindern und Jugendlichen über Vorurteile, Ängste und Erwartungen, die Religion betreffend, zu reden und ihnen unterstützend zur Seite zu stehen. (Baumann 2005: 397f) Dies sollte zunächst in einem geschützten Rahmen (Religionen getrennt) stattfinden.

Bei geschlechtsspezifischer Betrachtung der Kategorie `Muslimische und christliche Jugendliche´ und im Vergleich mit den Fachkräften der Sozialen Arbeit zeigen sich in den Aussagen keine Unterschiede. Wie bereits beschrieben sind muslimische und christliche Jugendliche vermehrt unter sich. Dennoch ist das Verhältnis zwischen beiden Gruppen in der Regel problemlos. Die muslimischen Jugendlichen haben mehr Interesse am Christentum als christliche Jugendliche am Islam. Diese Tatsache findet sich ebenfalls im interreligiösen Austausch der Religionen wieder. Allerdings merkt eine der Fachkräfte der Sozialen Arbeit an, dass dieser zunächst intrareligiös stattfinden sollte, um Irritationen zu vermeiden.

7.4 Berufliche Zukunft

In der Kategorie `Berufliche Zukunft´ werden die Ansichten und Vorstellungen der Jugendlichen und die Erfahrungen der SozialarbeiterInnen/SozialpädagogInnen in Bezug auf die berufliche Zukunft betrachtet. Hierzu zählen die Bedeutung des beruflichen Erfolgs, die Ausbildungs-/Arbeitsmarktchancen, der Einfluss der Religion/Nationalität und des Kopftuchs. Diese Kategorie wurde eingeführt, um das Interesse der Jugendlichen am Beruf zu hinterfragen und mit den anderen Kategorien in Verbindung zu bringen. Ein direkter Vergleich mit der Literatur wird dabei nicht vollzogen.

Für die Arbeit mit muslimischen Jugendlichen in der Jugendberufshilfe ist es wichtig zu wissen, welche Bedeutung der berufliche Erfolg für diese Zielgruppe hat. Die befragten Jugendlichen sind sich darin einig, dass der berufliche Erfolg und die Unabhängigkeit sehr wichtig sind. Die Mädchen wollen keine Hausfrauen werden und von ihren Männern finanziell unabhängig sein. Frau B. schätzt diese Bedeutung des beruflichen Erfolgs für die Jugendlichen im BVJ hingegen geringer ein. Viele Familien der muslimischen Jugendlichen beziehen Hartz IV. Daher fehlen den Jugendlichen, gemäß den Beobachtungen von Frau B., häufig Vorbilder in Bezug auf das tägliche Ausüben eines Berufs. Die Jugendlichen verbalisieren diese Haltung zum Teil darin, dass sie keine Lust haben eine Ausbildung mit schlechterer Bezahlung zu machen, wenn sie auch von Hartz IV leben können.

Es stellt sich für die Verfasserin der vorliegenden Arbeit die Frage, woher diese unterschiedlichen Ansichten resultieren. Die Aussage, dass den Jugendlichen die Motivation zum Arbeiten fehlt, ist nicht zu verallgemeinern, weil das befragte Sample nur einen kleinen Teil der muslimischen Jugendlichen in Deutschland repräsentiert. Durch die Interviews zeigt sich, dass es Differenzen zwischen dem Willen und der Motivation der Jugendlichen gibt. In diesem Zusammenhang ist folgendes Beispiel zu nennen. Der Befragte F. erzählte während des Gesprächs, dass er bereits einen Ausbildungsplatz habe. Hinterher berichtete Frau G., dass dies nicht stimme. Eine Klärung bezüglich der Unterschiede zwischen den Ansichten der Jugendlichen und denen der Fachkräfte kann an dieser Stelle nicht erfolgen.

Der Einfluss der Religion und der Nationalität auf die berufliche Zukunft wird sehr unterschiedlich gesehen. Die verschiedenen Sichtweisen sind sicherlich auch stark durch die eigenen Erfahrungen geprägt. Nach Ansicht der Fachkräfte finden Jugendliche mit Migrationshintergrund erheblich schwieriger einen Ausbildungsplatz als deutsche Jugendliche. Auch die Bildungssituation in Deutschland hat dies gezeigt (vgl.: 1.2). Schwierigkeiten bei der Ausbildungsplatzsuche entstehen ebenfalls durch die religiösen Überzeugungen, durch die einige Berufe nicht ausgeübt werden können. Den Mädchen erschwert das Tragen des Kopftuches die Suche nach einem Ausbildungsplatz. Trotzdem halten sie ihre Chance für nicht unmöglich, da sie hoffen auf vorurteilsfreie ArbeitgeberInnen zu treffen. Die Jungen schätzen ihre Aussichten auf dem Ausbildungsmarkt als gut ein, da ihrer Meinung nach die Religion keinen Einfluss auf ihre berufliche Zukunft hat und lediglich die Nationalität die Möglichkeiten mindern könnte. Folglich ist die Bedeutung der Religion für die berufliche Zukunft vor allem bei den Mädchen zu spüren. Bei der Auswahl der Berufe hingegen ist die religiöse Überzeugung für beide Geschlechter wichtig.

Bei geschlechtsspezifischer Betrachtung der Kategorie `Berufliche Zukunft´ und im Vergleich mit den Fachkräften der Sozialen Arbeit kann man zusammenfassend sagen, dass sich die drei Gruppen in ihren Aussagen zum Teil unterscheiden. Diese Unterschiede beziehen sich, wie bereits beschrieben, auf die Motivation und Bedeutung des beruflichen Erfolgs, die Arbeitsmarktchancen sowie die Bedeutung der Religion für die berufliche Zukunft.

7.5 Jugendberufshilfe

Die Kategorie `Jugendberufshilfe´ untersucht den aktuellen Umgang mit Religion in der Jugendberufshilfe und das Verhalten der Fachkräfte der Sozialen Arbeit. Dabei werden die Bedeutung der Maßnahme und der Religion in der Jugendberufshilfe, die Fachkräfte der Sozialen Arbeit und die Rolle der Eltern näher betrachtet. Der literarische Vergleich erfolgt hauptsächlich mit den Abschnitten 2 und 3 der vorliegenden Arbeit.

Die Jugendlichen bewerten die Jugendberufshilfemaßnahme prinzipiell positiv, sehen allerdings auch einige Aspekte kritisch. Hierzu gehören das negative Ansehen der Jugendberufshilfemaßnahme in der Öffentlichkeit und die Tatsache, dass zumindest im BVJ/BEJ hauptsächlich ausländische SchülerInnen teilnehmen. Diese Kritik könnte auch als Auswirkung der unklaren Struktur der Jugendberufshilfemaßnahmen gedeutet werden, wie im Abschnitt 2 bereits beschrieben wurde. Der KOOPERATIONSVERBUND JUGENDSOZIALARBEIT fordert daher, dass die Schnittstellen der Sozialgesetze geklärt werden und die Zusammenarbeit zwischen den Akteuren optimiert wird, damit die Jugendlichen passende Angebote erhalten. Um dieses Ziel zu erreichen, bedarf es gesetzlicher Veränderungen. Zudem fehlen

Forschungsergebnisse bezüglich der Effektivität der Maßnahmen. (Riegel 2009: o.S.)

Religion wird in den Maßnahmen der Jugendberufshilfe kaum thematisiert. Die Auswirkungen der religiösen Überzeugung sind allerdings im Alltag immer wieder bemerkbar. Zudem gehen die Fachkräfte der Sozialen Arbeit davon aus, dass für die Vermittlung eines Ausbildungsplatzes die Religion theoretisch keine Rolle spielt und dies auch nicht darf. In der vorherigen Kategorie wurde hingegen festgestellt, dass die religiöse Überzeugung dennoch Einfluss auf die berufliche Orientierung hat. Diese doch etwas verworrene Situation zeigt, dass das Thema Religion keinen klaren Platz in der Jugendberufshilfe hat.

Die interviewten Fachkräfte der Sozialen Arbeit sind beide katholisch. Auf die Frage, ob sie gläubig sind, antworten beide zögernd mit ja. Herr A. gibt an, dass er aber nicht katholisch gläubig ist. Es zeigt sich, dass auch bei den Christen die Religionszugehörigkeit nicht unbedingt mit der Gläubigkeit in Verbindung zu bringen ist. Herr A. geht davon aus, dass er *„nicht ähm gläubig sein [muss] um mit mit Muslimen umgehen zu können"* (G1 / Experte_01 / 154-154). Es bestätigt sich die Annahme der Verfasserin, dass die eigene Religiosität keine Voraussetzung für die Arbeit mit türkischen/muslimischen Jugendlichen ist.

Auch die geschlechtsspezifische Erziehung der Jugendlichen mit türkischem Migrationshintergrund macht sich in den Maßnahmen bemerkbar. Zum einen fällt es den Jungen schwer eine Frau als Leiterin zu akzeptieren, zum anderen besprechen Mädchen ihre Probleme lieber mit Frauen als mit Männern. Dieses geschlechtsspezifische Verhalten ist sicherlich bei allen Jugendlichen zu beobachten, bei türkischen/muslimischen Jugendlichen hingegen macht sich das Verhalten verstärkt bemerkbar. In diesem Zusammenhang soll auf ein Problem aufmerksam gemacht werden, das im sozialen Bereich häufig vorhanden ist, nämlich der Mangel an männlichen Mitarbeitern in den sozialen Einrichtungen. So ist es auch in der Jugendberufshilfe.

Die Haltung der Fachkräfte der Sozialen Arbeit gegenüber dem Islam und der Türkei ist sehr unterschiedlich. Frau B. sieht ihre Haltung von Unsicherheit, Abwehr und Skepsis geprägt. Dabei stellt der Umgang mit kopftuchtragenden Mädchen die größte Herausforderung für sie dar. Aufgrund der unterschiedlichen Denkweise entstehen Differenzen zwischen der eigenen Einstellung und der muslimischer Jugendlicher. Aus diesen Differenzen gehen Spannungen hervor, die ausgehalten werden müssen. Daher benötigen Fachkräfte die Fähigkeit zur Ambiguitätstoleranz (vgl.: 3.2), welche die Kompetenz mit sich bringt, Spannungen nicht zu beheben, sondern so stehen zu lassen, wie sie sind, und diese auszuhalten. Frau B. sagt selbst, dass ihre Einschätzungen auch aufgrund von Unwissenheit entstehen. Es zeigt sich daher, dass ein gewisses Maß an Wissen von Nöten ist, um eine sichere

Haltung einnehmen und die Fähigkeit zur Ambiguitätstoleranz entwickeln zu können.

Betrachtet man in diesem Zusammenhang das Wissen der Fachkräfte über den Islam, zeigt sich, dass dieses sehr unterschiedlich ist. Nicht alle können zwischen lokalen Kulturen und der Religion unterscheiden. Aus Sicht der Jugendlichen wissen die SozialarbeiterInnen und SozialpädagogInnen zu wenig über den Islam. Der Wissenserwerb findet in der Regel autodidaktisch statt. Daher hängt es vom individuellen Interesse der Fachkräfte ab, ob sie sich über den Islam informieren oder nicht. Die Jugendlichen gehen davon aus, dass die Informationsgewinnung vor allem über die SchülerInnen stattfindet. Der Wissenserwerb ist von Vorteil um eine Haltung bezüglich des Islam und der Türkei einnehmen und mit dem Verhalten der Jugendlichen umgehen zu können.

Ein Vergleich der Interviews mit den Aussagen über das eigene Wissen zeigt, dass je reflektierter die Befragten sind und je mehr Wissen sie über den Islam haben, desto weniger Unsicherheit und Widersprüche sind in den Interviews vorzufinden. Herr A. hat sich schon sehr intensiv mit dem Thema Islam auseinandergesetzt und hat bereits viel Erfahrung mit muslimischen Jugendlichen. Sein Interview ist von Sicherheit geprägt. Frau B. hingegen stellt ihre eigenen Antworten immer wieder in Frage und zeigt damit, wie unsicher sie ist. Sie geht selbst davon aus, dass ihre Unsicherheit auf Unwissen basiert. Auch in den Interviews mit den Jugendlichen ist dieser Zusammenhang zu beobachten und ist damit eine weitere Bestätigung für die These, dass Wissen vorhanden sein muss, um sicher mit muslimischen Jugendlichen umgehen zu können.

NIPKOW spricht von einer `Didaktik der Vielfalt´, die Fachkräfte der Sozialen Arbeit aufgrund der religiösen Heterogenität benötigen, die in vielen Schulen vorherrscht. Hierbei ist es zunächst wichtig die verschiedenen religiösen Erfahrungen und Traditionen wahrzunehmen. Zudem sollte man Interesse zeigen und den Jugendlichen die Möglichkeiten geben, ihre Erfahrungen mitzuteilen. Diese Vorgehensweise ist nicht unbedingt einfach, da die eigene religiöse Identität hiervon berührt wird. (Baumann 2005: 388ff)

Die Aussage von Nipkow ergänzt die Erwartungshaltung der Jugendlichen bezüglich ihrer Religion. Aus Sicht der Jugendlichen sind die Erwartungen sehr ähnlich. Sie erwarten Respekt gegenüber dem Islam und den religiösen Auswirkungen im Alltag, Verständnis, Akzeptanz und eine positive Haltung. Auch aus Sicht der Fachkräfte der Sozialen Arbeit erwarten muslimische Jugendliche Respekt, Akzeptanz, Verständnis, Toleranz, Offenheit, Vorurteilsfreiheit, eine eigene Haltung, Wissen über den Islam und Interesse. Vergleicht man diese Erwartungshaltung mit den Zielen des interreligiösen Dialogs (vgl.: 3.3), Toleranz, Respekt, Anerkennung, Akzeptanz und Verstehen, sind starke Ähnlichkeiten vorhanden. Daher geht die

Verfasserin davon aus, dass die Ziele des interreligiösen Dialogs auf die Situation mit türkischen/muslimischen Jugendlichen in der Jugendberufshilfe übertragbar sind.

In der Arbeit mit muslimischen Jugendlichen benötigen SozialarbeiterInnen und SozialpädagogInnen einige spezielle Kompetenzen. Zum einen müssen sie sich in die Jugendlichen hineinversetzen und diese verstehen können, welches der Fähigkeit des Perspektivenwechsels gemäß der interreligiösen Kompetenz entspricht (vgl.: 3.2). Zum anderen ist es wichtig den Jugendlichen zu signalisieren, dass man nicht in irgendwelchen Klischees verhaftet ist und die Jugendlichen so annimmt wie sie sind. Dieses Respektieren von Grenzen kann der Dialogfähigkeit (vgl.: 3.2) zugesprochen werden. Eine der Befragten drückt dies auch darin aus, dass man von ihr nicht erwarten kann, dass sie das Kopftuch ablegt, da sie damit aufgewachsen ist.

Ausgehend von der Tatsache, dass Fachkräfte der Sozialen Arbeit zwar etwas über den Islam wissen, dies aber zu wenig ist, und in Anbetracht der genannten Kompetenzen, die SozialarbeiterInnen/SozialpädagogInnen beherrschen sollten, ist eine Fortbildung für selbige sinnvoll. Dabei ist der direkte Bezug zur Arbeit in der Jugendberufshilfe wichtig. Zudem sollte die Fortbildung sich von bereits existierenden Angeboten unterscheiden, um für die Fachkräfte interessant zu sein. Inhaltlich gibt es drei wichtige Bereiche einer Fortbildung: die Vermittlung von Grundkenntnissen über den Islam, die Reflexion des eigenen Glaubens bzw. der Haltung gegenüber dem Islam sowie die Thematisierung türkischer/muslimischer Jugendlicher in der Jugendberufshilfe (vgl.: 8.4).

Die Eltern haben einen wesentlichen Einfluss auf die berufliche Zukunft der Jugendlichen. Sowohl die Jugendlichen als auch die Fachkraft der Sozialen Arbeit im BVJ beobachten, dass die ausländischen Eltern Probleme mit der Sprache haben und daher wenig an Elternabenden teilnehmen. Dadurch fungieren die Kinder häufig als ÜbersetzerInnen. Dies ist zu vermeiden, um die Jugendlichen nicht in eine Vermittlerposition zu bringen. Durch die Sprachprobleme und durch einen starken religiösen Hintergrund erfahren die Kinder eine geringere Unterstützung als ihre deutschen Altersgenossen. Die befragten Einrichtungen haben beide keine muslimischen MitarbeiterInnen bzw. SozialarbeiterInnen/SozialpädagogInnen mit Migrationshintergrund. Die InterviewpartnerInnen sprechen kein Türkisch. Um mit den Eltern leichter in Kontakt treten zu können und Offenheit und Interesse zu signalisieren ist es von Vorteil diese Aspekte in der Arbeit zu berücksichtigen.

Vielen Jugendlichen, die sich in einer Jugendberufshilfemaßnahme befinden, fehlt es an Motivation und Zukunftsperspektiven. Dies hängt unter anderem mit dem kritisierten gesellschaftlichen Ansehen der Maßnahmen und dem Fehlen von Vorbildern zusammen. Der Einsatz von muslimischen MitarbeiterInnen kann zur Veränderung der Situation beitragen. Zudem fällt es muslimischen Fachkräften durch denselben religiösen Hintergrund leichter die Jugendlichen zu verstehen.

Bei geschlechtsspezifischer Betrachtung der Kategorie `Jugendberufshilfe´ und im Vergleich mit den Fachkräften der Sozialen Arbeit zeigt sich, dass die Aussagen der Jugendlichen ähnlich sind. Die Fachkräfte setzen zum Teil unterschiedliche Schwerpunkte. Die Jugendberufshilfe wird von den Jugendlichen positiv bewertet. Ein Manko liegt im hohen AusländerInnenanteil in den Klassen. Bezüglich der Bedeutung der Religion stimmen die Mädchen und die Jungen darin überein, dass die Religion in der Maßnahme kaum eine Rolle spielt.

Die Fachkräfte hingegen sehen einen Einfluss der religiösen Orientierung in der Arbeit. Bezüglich des geschlechtsspezifischen Umgangs liegen von Seiten der Jugendlichen keine Aussagen vor. Die Experten halten geschlechtsspezifische Angebote für wichtig und sehen einen Bedarf darin MitarbeiterInnen beider Geschlechter einzusetzen.

Die Haltung der Fachkräfte der Sozialen Arbeit in Bezug auf den Islam und die Türkei wird von den Jugendlichen zum größten Teil als neutral angesehen. Die Erwartungen bezüglich der Haltung gegenüber dem Islam und der Türkei sind, wie bereits beschrieben, aus der Sicht der drei Gruppen vor allem Respekt, Akzeptanz und Verständnis. Das Wissen der Fachkräfte wird als zu gering eingeschätzt, eine Nachqualifizierung ist von Vorteil. Aus Sicht der Mädchen nehmen die Eltern eine wichtige Rolle in Bezug auf das Erlernen der deutschen Sprache ein. Gute Deutschkenntnisse der Eltern sind den Jugendlichen ein Vorteil. In der letzten Subkategorie liegen lediglich Aussagen der Experten vor. Diese weisen darauf hin, dass in Deutschland regionale Unterschiede in der Zusammensetzung türkischer Jugendlicher vorliegen.

7.6 Zusammenfassung

Nach der Interpretation der einzelnen Kategorien werden im Folgenden die wichtigsten Ergebnisse zusammengefasst. Zudem ist die Frage zu beantworten, ob der Ansatz des interreligiösen Dialogs als Handlungsansatz für die Soziale Arbeit dienen kann.

In Bezug auf bereits existierende Untersuchungen über Jugendliche mit türkischem Migrationshintergrund bestätigt die vorliegende Untersuchung die wichtigsten Gesichtspunkte. Familie, Religion und geschlechtsspezifische Erziehung sind wesentliche Elemente im Leben türkischer Jugendlicher.

Die Heterogenität türkischer Jugendlicher zeigt sich in unterschiedlichen Aspekten: Hierzu gehören ebenfalls die Erziehung, die Bedeutung der Religion und deren Auswirkung für den Alltag. Die Ursachen für die Unterschiedlichkeiten liegen unter anderem im Migrationszeitpunkt und darin, woher die Familien stammen. Die sich ergebenden lokalen Kulturen werden von den Jugendlichen als Religion bezeichnet und erhalten bei ihnen einen hohen Stellenwert.

Das Sample der vorliegenden Untersuchung zeigt auf, dass es sich nicht unbedingt um die dritte Generation der ArbeitsmigrantInnen handelt, wenn heute von türkischen Jugendlichen bzw. Jugendlichen mit türkischem Migrationshintergrund die Rede ist. Kurdische Flüchtlinge, aber auch andere Migrationsgruppen zählen ebenfalls zu dem Begriff der MigrantInnen aus der Türkei. Aufgrund der regionalen Unterschiede kann es in anderen Gegenden Deutschlands durchaus sein, dass die Zahl der Nachkommen türkischer ArbeitsmigrantInnen höher ist als in Freiburg. Durch diese unterschiedlichen Migrationshintergründe können keine Verallgemeinerungen bezüglich türkischer Jugendlicher getroffen werden.

Das Neue an der vorliegenden Arbeit ist der Bezug zwischen den bereits existierenden Untersuchungen und dem Feld der Jugendberufshilfe. Da vor allem die Religion und die Familie für die Jugendlichen prägend sind, ist es wichtig diese Tatsache wahrzunehmen und in die Arbeit mit der Zielgruppe zu integrieren.

Die Ergebnisse bestätigen, dass Jugendliche mit Migrationshintergrund vermehrt an den Maßnahmen der Jugendberufshilfe teilnehmen. Diese Zusammensetzung erschwert in den BVJ-/BEJ Klassen die schulische Entwicklung der Jugendlichen, da sie sich als abgesondert sehen. Dennoch sieht die Mehrheit der Befragten die Maßnahmen als Chance an.

Der Religion kommt in der Jugendberufshilfe wenig Aufmerksamkeit zuteil. Die SozialarbeiterInnen/SozialpädagogInnen merken, dass die religiösen Überzeugungen und Einschränkungen sich jedoch in der Arbeit auswirken. Sie gehen bisher davon aus, dass in der Vermittlung der Jugendlichen in eine Ausbildungsstelle im BVJ/BEJ nicht speziell auf die Religion der Jugendlichen eingegangen werden muss.

Das Wissen über den Islam ist sowohl bei den befragten Jugendlichen als auch bei den Fachkräften der Sozialen Arbeit nicht ausreichend. Dabei gibt es zum Teil Unterschiede zwischen der Selbst- und Fremdeinschätzung. Die SozialarbeiterInnen/SozialpädagogInnen besitzen ihrer Meinung nach für ihre Arbeit genügend Wissen. Die Jugendlichen hingegen sehen dies anders. Eine Nachqualifikation der Fachkräfte wäre für die Jugendlichen von Vorteil, damit sie sich nicht rechtfertigen müssen und keine Erklärungen für religiöses Verhalten erforderlich sind. Bezüglich des Wissens der Jugendlichen sind sich sowohl die Jugendlichen als auch die Fachkräfte darin einig, dass ihnen Wissen über den Islam fehlt.

Die Familie als zweiter wichtiger Aspekt im Leben türkischer Jugendlichen findet ebenfalls kaum Beachtung. Im BVJ werden zwar regelmäßig Elternabende durchgeführt, an diesen nehmen die ausländischen Eltern allerdings kaum teil. Sprachprobleme hindern diese an einer Teilnahme. Hausbesuche werden aus Zeitgründen und aus Respekt vor der Privatsphäre nicht durchgeführt. Elterngespräche in der Schule gestalten sich schwierig, da die Jugendlichen als ÜbersetzerInnen fungieren müssen.

Bei der Auswahl der MitarbeiterInnen wird weder darauf geachtet Fachkräfte mit Migrationshintergrund oder muslimischem Hintergrund zu gewinnen, noch wird auf eine geschlechtsspezifische Durchmischung Wert gelegt. Kenntnisse der türkischen Sprache sind bei den befragten Fachkräften ebenfalls nicht vorhanden.

Ist der Ansatz des interreligiösen Dialogs ein möglicher Handlungsansatz für die Soziale Arbeit?

In der Jugendberufshilfe zeigt sich, dass zwischen Fachkräften der Sozialen Arbeit und Jugendlichen mit türkischem Migrationshintergrund Missverständnisse entstehen können. Kiechle et al. gehen davon aus, dass ein Selbstverstehen ohne das Fremdverstehen nicht möglich ist. Differenzen müssen zugelassen werden, damit eine Identität entstehen kann (vgl.: 3.1). Diese Forderung haben ebenfalls die befragten Jugendlichen. Die Befragte C. drückt dies deutlich aus, indem sie bei Problemen Hilfe erhalten möchte, ohne dass die Fachkräfte sie zunächst fragen, warum das im Islam so ist. SozialarbeiterInnen/SozialpädagogInnen sollen daher die Unterschiede, die aufgrund von religiösen Überzeugungen entstehen, aushalten.

Sowohl die Christen als auch die Muslime haben ein Bild von den Anhängern der jeweils anderen Religion. Dies macht sich auch in der Haltung der Fachkräfte der Sozialen Arbeit bemerkbar. Wie beim interreligiösen Dialog ist es auch in der Jugendberufshilfe wichtig, keine Assimilation der Ansichten zu erreichen, sondern den Anderen und seine Meinung zu betrachten und zu respektieren.

Zu den interreligiösen Kompetenzen gehören Dialogfähigkeit, Perspektivenwechsel, Ambiguitätstoleranz und Selbstreflexivität. Dialogfähigkeit bedeutet in diesem Zusammenhang, mit muslimischen Jugendlichen in der Jugendberufshilfe ins Gespräch zu kommen und kontroverse Auseinandersetzung mit unterschiedlichen Ansichten zu führen. Dabei ist es wichtig die Grenzen des Anderen zu akzeptieren. Voraussetzung für die Dialogfähigkeit ist ein gutes Wissen über den Islam und die muslimischen Familienverhältnisse von Seiten der SozialarbeiterInnen/ SozialpädagogInnen. Die Tatsache, dass ein interreligiöser Dialog nur zwischen einzelnen Menschen und nicht zwischen Religionen stattfinden kann, zeigt sich auch in der Heterogenität der Jugendlichen und darin, dass keine Verallgemeinerungen möglich sind.

Der Perspektivenwechsel bedeutet, dass sich Fachkräfte der Sozialen Arbeit in die Jugendlichen hineinversetzen. Es ist wichtig wahrzunehmen, was ihnen von Bedeutung ist. Dabei müssen Differenzen wahrgenommen und angesprochen werden. Dadurch können Spannungen entstehen, mit denen beide Seiten umgehen müssen. Ein Beispiel hierfür ist die Vermittlung von kopftuchtragenden Mädchen in eine Ausbildungsstelle. Bei den SozialarbeiterInnen/SozialpädagogInnen kann diese Situation Hilflosigkeit auslösen, da das Kopftuch eine große Hürde bei der Suche nach einem Ausbildungsplatz darstellt. Frau B. sagte, dass sie nicht weiß, wie sie diese Mädchen beraten soll. Das Mädchen D. bekam von ihrer Sozialarbeiterin zu hören, dass sie mit Kopftuch in einem Kindergarten kein Praktikum absolvieren kann. Diese Aussage verärgerte D. sehr. In einer solchen Situation ist es wichtig ambiguitätstolerant zu sein. Dabei muss man Verständnis zeigen und lernen mit den Spannungen umzugehen.

Die Selbstreflexivität als vierte Kompetenz ist ebenfalls eine wichtige Fähigkeit in der Arbeit mit türkischen bzw. muslimischen Jugendlichen in der Jugendberufshilfe. Am Beispiel der Bedeutung des beruflichen Erfolgs wird sichtbar, wie unterschiedlich die Ansichten der Jugendlichen und der Fachkräfte sind. Es ist wichtig die Annahmen des Gegenübers zu überprüfen und damit seine eigene Meinung/ Einstellung zu verändern. Diese Selbstreflexivität bezieht sich ebenfalls auf die eigene Haltung gegenüber dem Islam.

Wie in Abschnitt 7.5 dargestellt, entsprechen die Ziele eines interreligiösen Dialogs den Erwartungen der Jugendlichen bezüglich der Haltung gegenüber ihrer Religion. In der Jugendberufshilfe treffen christlich geprägte Fachkräfte der Sozialen Arbeit und muslimische Jugendliche aufeinander. Dabei werden beide Seiten mit Eigenem und Fremden konfrontiert. Diese fremde Religion/Kultur kann nicht übergangen werden, da sich ihre Spuren in vielen Lebensbereichen der Jugendlichen abzeichnen.

Aufgrund der Ergebnisse der vorliegenden Untersuchung geht die Verfasserin davon aus, dass der Ansatz des interreligiösen Dialogs ein möglicher Handlungsansatz für die Soziale Arbeit darstellt. Dabei ist darauf zu achten, dass es sich nicht um den theologischen Dialog handelt, sondern um die Fähigkeit der Fachkräfte mit Jugendlichen einer fremden Religion entsprechend arbeiten und ihre Ansichten akzeptieren zu können, sowie Sicherheit in dieser Arbeit zu erhalten.

Durch den Ansatz des interreligiösen Dialogs kann Fremdverstehen möglich und können interreligiöse Lernprozesse in Gang gesetzt werden. Fachkräfte der Sozialen Arbeit in der Jugendberufshilfe müssen nach Meinung der Verfasserin daher die interreligiöse Kompetenz erlernen. Hierzu bietet es sich an eine Fortbildung durchzuführen.

7.7 Überprüfung der Hypothesen

Zu Beginn der Untersuchung wurden theoriegeleitete Hypothesen entwickelt (vgl.: 5.1), die im Folgenden anhand der erzielten Ergebnisse überprüft werden:

> *Die meisten Jugendlichen mit türkischem Migrationshintergrund in Deutschland stammen aus religiös-traditionellen Familien. Daher nehmen die Religion und die traditionellen Werte einen hohen Stellenwert für sie ein.*

Diese Hypothese kann nicht verallgemeinernd bestätigt werden. Die Ergebnisse zeigen zwar, dass Familie, Religion und geschlechtsspezifische Erziehung, die für religiös-traditionelle Familien bezeichnend sind, in den meisten Familien einen hohen Stellenwert einnehmen. Es ist aber nicht davon auszugehen, dass die Religion für alle türkischen Familien dieselbe hohe Bedeutung hat. Die Gruppe der Jugendlichen mit türkischem Migrationshintergrund ist sehr heterogen. Dies kommt unter anderem daher, dass die Jugendlichen und auch deren Familien durch das Leben in Deutschland moderne Aspekte in unterschiedlicher Intensität aufnehmen. Auch die Zugehörigkeit zu unterschiedlichen Religionsgruppen des Islam und die lokalen Kulturen lassen Jugendliche mit türkischem Migrationshintergrund nicht als Einheit erscheinen. Für die Jugendlichen ist die Religion zwar sehr wichtig, hat aber für einige kaum/keine Auswirkungen auf ihren Alltag. Es ist die kulturelle Herkunft zu berücksichtigen. Daher ist es ein Fehler von `den´ TürkInnen zu sprechen.

> *Die Identifikation mit der Religion hilft den Jugendlichen mit türkischem Migrationshintergrund bei ihrer Identitätsbildung.*

Auch diese Hypothese ist nicht eindeutig zu bestätigen. Die Religion ist für alle befragten Jugendlichen wichtig. Für die Identitätsbildung ist sowohl die Nationalität als auch die Religion von Bedeutung. Jugendliche gleicher Religion, Nationalität und Sprache finden zusammen. Dieses Verhalten erfolgt unbewusst. Es zeigt sich jedoch, dass es kulturelle Unterschiede zwischen türkischen/muslimischen und deutschen Jugendlichen gibt, die eine Freundschaft möglicherweise erschweren können. Die Religion kann daher eine identitätsstiftende Funktion einnehmen, an der sich die Jugendlichen festhalten.

Viele Jugendliche mit türkischem Migrationshintergrund der zweiten bzw. dritten Generation haben Schwierigkeiten einen Ausbildungsplatz zu finden. Daher nehmen Sie an einer Maßnahme der Jugendberufshilfe teil.

In den Maßnahmen der Jugendberufshilfe nehmen vor allem AusländerInnen teil. Die Gründe liegen in unterschiedlichen Bereichen: Aufgrund von sprachlichen Problemen erfahren türkische und andere Jugendliche ausländischer Herkunft weniger Unterstützung durch die Eltern. Dies bringt Nachteile für die Jugendlichen mit sich. Zum anderen ist das Interesse der Eltern bezüglich der beruflichen Orientierung der Jugendlichen geringer, je stärker der religiöse Hintergrund ist. Zudem haben Mädchen mit Kopftuch auf der Suche nach einem Ausbildungsplatz größere Schwierigkeiten als Jungen. Die Religion bzw. die Nationalität hat ebenfalls Einfluss auf die Ausbildungsplatzsuche. Es können aus der Literatur einige andere Ursachen ergänzt werden, auf die ich an dieser Stelle nicht näher eingehen möchte.

Es ist davon auszugehen, dass SozialarbeiterInnen und SozialpädagogInnen in der Jugendberufshilfe für den Umgang mit muslimischen Jugendlichen mit türkischem Migrationshintergrund keine spezielle Ausbildung erhalten.

Diese Hypothese kann bestätigt werden. Die Fachkräfte der Sozialen Arbeit eignen sich das Wissen über den Islam und Jugendliche mit türkischem Migrationshintergrund hauptsächlich autodidaktisch oder über die SchülerInnen an. Daher ist das Wissen der SozialarbeiterInnen und SozialpädagogInnen stark vom persönlichen Interesse abhängig. Fortbildungen zur interkulturellen Kompetenz sind für sie kaum hilfreich, da wenig Neues thematisiert wird. Eine Fortbildung speziell zu türkischen bzw. muslimischen Jugendlichen wäre gut, um das Verhalten der Zielgruppe besser verstehen und damit umgehen zu können. Dabei sollen die Kompetenzen der SozialarbeiterInnen und SozialpädagogInnen interreligiös ergänzt und erweitert werden.

Die muslimischen Jugendlichen mit türkischem Migrationshintergrund wünschen sich Respekt gegenüber ihrer Religion.

Die Jugendlichen erwarten Respekt gegenüber dem Islam und den religiösen Auswirkungen im Alltag, Verständnis, Akzeptanz und eine positive Haltung. Auch aus Sicht der Fachkräfte der Sozialen Arbeit erwarten muslimische Jugendliche Respekt, Akzeptanz, Verständnis, Toleranz, Offenheit, Vorurteilsfreiheit, eine eigene Haltung, Wissen über den Islam und Interesse. Die Hypothese kann daher bestätigt werden, dass neben vielen anderen Erwartungshaltungen gegenüber dem Islam, Respekt besonders wichtig ist.

> *Im Umgang mit Jugendlichen mit türkischem Migrationshintergrund in der Jugendberufshilfe ist es wichtig den Fachkräften der Sozialen Arbeit mehr Wissen über die muslimische Religion zu vermitteln um deren Wissensstand zu erweitern.*

Laut Aussage der befragten Jugendlichen wissen die Fachkräfte der Sozialen Arbeit zwar etwas über den Islam, dieses Wissen wird aber als zu gering eingeschätzt. Auch die befragten Experten zeigen zum Teil Unsicherheit im Umgang mit der Zielgruppe. Dieses Verhalten resultiert auch aus Unwissen heraus. Die befragten InterviewpartnerInnen weisen in der Mehrheit darauf hin, dass es wichtig ist, im Umgang mit türkischen Jugendlichen in der Jugendberufshilfe, mehr Wissen über den Islam zu vermitteln. Daher kann die Hypothese bestätigt werden.

> *Durch die interreligiösen Kompetenzen eines/r SozialarbeiterIn/SozialpädagogIn können muslimische Jugendliche mit türkischem Migrationshintergrund positiv beeinflusst werden.*

Die Ziele des interreligiösen Dialogs und die Erwartungen türkischer Jugendlicher bezüglich der Haltung der SozialarbeiterInnen und SozialpädagogInnen gegenüber der muslimischen Religion stimmen überein. Die empirische Untersuchung ergab weiterhin, dass im Umgang mit türkischen/muslimischen Jugendlichen eine interreligiöse Kompetenz von Nöten ist. Durch diese Kompetenz ist es möglich den Jugendlichen offen gegenüberzutreten und ihnen das Gefühl zu geben, dass sie ernst genommen werden. Es ist davon auszugehen, dass sich die interreligiöse Kompetenz positiv auf die Entwicklung der Jugendlichen auswirkt.

> *Im Umgang mit Jugendlichen mit türkischem Migrationshintergrund bedarf es einer Beachtung der geschlechtsspezifischen Erziehung.*

Die geschlechtsspezifische Erziehung wird auch heute noch in vielen türkischen Familien angewandt. Die Mädchen haben weniger Rechte als die Jungen. Diese Erziehung zeigt auch in der Jugendberufshilfe Auswirkungen. Es fällt den Jungen schwer eine weibliche Fachkraft der Sozialen Arbeit zu akzeptieren. Die Mädchen hingegen können sich mit ihren Problemen gegenüber einer Frau leichter öffnen als gegenüber einem Mann. Um die Kultur der Jugendlichen zu berücksichtigen und den Zugang zu ihnen zu erleichtern, ist es wichtig, die geschlechtsspezifische Erziehung im Umgang mit türkischen Jugendlichen zu beachten.

TEIL 3

PÄDAGOGISCHE UMSETZUNG

8 WICHTIGE ASPEKTE IM UMGANG MIT TÜRKISCHEN JUGENDLICHEN IN DER JUGENDBERUFSHILFE

Nach der Interpretation der Ergebnisse und Überprüfung der Hypothesen soll in diesem Abschnitt die zu Beginn der Forschung formulierte Fragestellung beantwortet werden, welche Aspekte Fachkräfte der Sozialen Arbeit im Umgang mit türkischen Jugendlichen in der Jugendberufshilfe beachten müssen. Hierfür hat die Verfasserin Ansatzpunkte erarbeitet, die für SozialarbeiterInnen/SozialpädagogInnen eine Hilfe darstellen können. Dabei besteht die Intention nicht darin, ausschließlich die türkische bzw. muslimische Lebensweise zu berücksichtigen und die deutsche außer Acht zu lassen. Denn die Tatsache, dass es z.b. türkische Mädchen gibt, die fremden Männern nicht die Hand geben dürfen, stellt trotz dieser Ansatzpunkte eine Hürde dar, für die nach Meinung der Verfasserin Adaptionen von Seiten der Jugendlichen notwendig sind. Im Rahmen der zugrunde liegenden Arbeit werden die erforderlichen Anpassungen türkischer Jugendlicher an das deutsche Bildungs- und Ausbildungssystem vernachlässigt, da dies über die Thematik der Arbeit hinaus geht.

Im Folgenden werden zunächst allgemeine Gesichtspunkte dargestellt, dann auf die Bedeutung des Islam für Jugendliche mit türkischem Migrationshintergrund in Deutschland eingegangen und anschließend einige Empfehlungen für die Jugendberufshilfe formuliert. Abschließend wird die Fortbildung für Fachkräfte der Sozialen Arbeit in der Jugendberufshilfe thematisiert.

8.1 Allgemein

In der Jugendberufshilfe sind verschiedene Aspekte im Umgang mit türkischen Jugendlichen zu berücksichtigen. Zum einen ist die große Bedeutung der Familie zu nennen. Gehorsamkeit gegenüber den Eltern ist wichtig. Nur durch Heimlichkeiten können Regeln umgangen werden. Bei Problemen fungiert die Familie häufig als Ansprechpartner. Auf die Bedeutung der Religion türkischer Jugendlicher hat die Familie ebenfalls einen großen Einfluss.

In der Jugendberufshilfe macht sich dieser starke Bezug zur Familie vor allem durch die religiösen Einschränkungen, denen die Jugendlichen durch ihre Eltern unterliegen, bemerkbar. In Elterngesprächen in der Schule ist häufig die ganze Familie vertreten. Die Jugendlichen erfahren durch ihre Eltern häufig eine geringere Unterstützung in der Schule und in der beruflichen Orientierung, als ihre deutschen Altersgenossen. Folglich sollten die Fachkräfte der Sozialen Arbeit diesen familiären Aspekt nicht außer Acht lassen.

Zum anderen ist die geschlechtsspezifische Erziehung von Jugendlichen mit türkischem Migrationshintergrund in der Arbeit mit selbigen in der Jugendberufshilfe zu berücksichtigen, um auf die Belange der Mädchen und Jungen einzugehen. Auch wenn es langsam Angleichungen in der Erziehung von Mädchen und Jungen gibt, sind die Unterschiede noch erheblich. Tendenziell haben Mädchen weniger Rechte als Jungen.

Zudem sollte in der Arbeit mit türkischen und anderen muslimischen Jugendlichen beachtet werden, dass es sich bei dieser Zielgruppe um keine Einheit handelt. Es ist nicht möglich von `den Muslimen´ oder `den TürkInnen´ zu sprechen. Jugendliche mit türkischem Migrationshintergrund sind einzelne Individuen, deren Umfeld berücksichtigt werden muss.

Vielen türkischen aber auch anderen Jugendlichen mit Migrationshintergrund fehlt es aus Sicht der Fachkräfte der Sozialen Arbeit an der Motivation für die berufliche Zukunft. Die Ursachen liegen in unterschiedlichen Bereichen. Zum einen wird speziell das BVJ/BEJ von vielen Jugendlichen als chancenlos angesehen, zum anderen fehlt es häufig an Vorbildern. Dieser Aspekt ist allerdings ebenfalls nicht zu verallgemeinern, da die befragten Jugendlichen die Maßnahme hingegen als letzte Chance sehen.

Die genannten Aspekte, die in der Arbeit mit Jugendlichen mit türkischem Migrationshintergrund berücksichtigt werden sollten, haben einen starken Bezug zur Sozialisation in der Familie. Weitere Gesichtspunkte beziehen sich mehr auf die Fachkräfte der Sozialen Arbeit und deren Ausbildung. So benötigen SozialarbeiterInnen/SozialpädagogInnen unter anderem, wichtige Kompetenzen, wie das Hineinversetzen in die Jugendlichen. Die Fachkräfte sollten in der Lage sein nachzuvollziehen, inwieweit die Jugendlichen von der Kultur oder der Religion geprägt sind, und was dies für die Arbeit mit ihnen bedeutet. Zudem dürfen die Fachkräfte die Jugendlichen nicht Klischees zuordnen, sondern müssen auf diese mit einer neutralen Haltung eingehen, damit sie das Gefühl haben, als Individuum angesehen zu werden.

8.2 Die Bedeutung des Islam

Der Schwerpunkt dieser Arbeit liegt in der Bedeutung des Islam für Jugendliche mit türkischem Migrationshintergrund in der Jugendberufshilfe. Mehrere Untersuchungen beschäftigten sich bereits mit dieser Thematik (vgl. 1.2). Die Ergebnisse dieser Arbeit bestätigen die bereits existierenden Untersuchungen weitestgehend.

Im Zusammenhang mit der Religion sind mehrere Gesichtspunkte zu beachten. Die Religion ist allen Jugendlichen wichtig. Es besteht allerdings keine automatische Verbindung zwischen der Bedeutung der Religion im Allgemeinen und ihrer Auswirkung auf den Alltag. Jugendliche, die sich als gläubige Muslime bezeichnen, tragen nicht automatisch ein Kopftuch oder fasten im Ramadan. In der Jugendberufshilfe findet die Religion kaum Beachtung. Dennoch sind die Auswirkungen der religiösen Überzeugung in unterschiedlichen Bereichen, wie z.b. der beruflichen Orientierung, dem geschlechtsspezifischen Verhalten oder den Einschränkungen zu spüren. Sie darf daher nicht außer Acht gelassen werden. Die Fachkräfte der Sozialen Arbeit sollten sich daher mit dem Islam und dessen Auswirkungen auf den Alltag auseinandersetzen und das erworbene Wissen in ihre Arbeit integrieren.

Die eigene Religiosität ist dabei keine Voraussetzung um mit Jugendlichen mit türkischem Migrationshintergrund zu arbeiten. Respekt, Akzeptanz und Verständnis sind drei wesentliche Haltungen, die Fachkräfte der Sozialen Arbeit in der Jugendberufshilfe einnehmen müssen. Weiterhin erleichtert die Aneignung der interreligiösen Kompetenz (Dialogfähigkeit, Perspektivenwechsel, Selbstreflexivität und Ambiguitätstoleranz) die Arbeit der Fachkräfte der Jugendberufshilfe.

Von Seiten der SozialarbeiterInnen/SozialpädagogInnen besteht die Forderung nach einem Islamunterricht für die Jugendlichen. Durch die Erfahrungen der Verfasserin mit dem Imam einer Moschee kann sie bestätigen, dass es sinnvoll ist einen Unterricht mit einheitlichem Lehrplan an den Schulen zu installieren. Die Aussagen der Befragten, die davon ausgehen, dass muslimische Jugendliche Interesse an einem Religionsunterricht haben, ergänzen diese Forderung. Weiterhin geben die Jugendlichen an, dass sie wenig über Religionen sprechen. Somit ist es gut einen Ort des Austausches zu schaffen.

Bei dem Wunsch nach einem Islam- bzw. allgemeinen Religionsunterricht ist jedoch zu beachten, dass dieser vor allem in einem schulischen Kontext wie im BVJ/BEJ sinnvoll ist. In den abH sind die Jugendlichen nur wenige Stunden in der Woche. Da die Maßnahmen nach der Arbeit stattfinden und die Jugendlichen oft müde sind, ist das Interesse an einem Religionsunterricht aus Sicht der befragten Fachkraft hier gering.

8.3 Empfehlungen für die Jugendberufshilfe

Das oberste Ziel der Jugendberufshilfe ist, die Jugendlichen in den ersten Ausbildungsmarkt zu vermitteln und sie zu befähigen dort zu bestehen. Um dies zu erreichen, ist es wichtig und hilfreich, das Lebensumfeld türkischer Jugendlicher zu beachten. Dabei ist es bedeutsam, auf die Jugendlichen zuzugehen und Wege mit ihnen zu entwickeln, damit ihre berufliche Zukunft positiv verläuft und ihre Benachteiligung reduziert wird. Aus den Ergebnissen der Untersuchung und den zu berücksichtigenden Aspekten im Umgang mit türkischen/muslimischen Jugendlichen in der Jugendberufshilfe können folgende Empfehlungen abgeleitet werden:

Aufgrund der hohen Bedeutung der Familie sowie des Einflusses der Eltern auf die Jugendlichen und deren berufliche Orientierung empfiehlt es sich die *Zusammenarbeit zwischen den Fachkräften der Sozialen Arbeit und den Eltern* zu intensivieren. Dabei müssen vorhandene Sprachprobleme und die religiöse Bedeutung ihre Berücksichtigung finden.

Um die Deutschkenntnisse der Eltern, aber auch die der SchülerInnen zu verbessern, könnte das Angebot eines *Deutschkurses* eine Möglichkeit sein, um mit den Eltern besser zusammenarbeiten zu können. Da die Fachkräfte der Sozialen Arbeit neben ihrer Arbeit mit den Jugendlichen vermutlich nicht die Zeit aufwenden können solche Kurse anzubieten, ist eine Kooperation mit anderen Einrichtungen und Sprachschulen denkbar.

Der *Ausbau der eigenen Sprachkompetenzen* ist eine weitere Möglichkeit um die Jugendlichen nicht als VermittlerInnen einsetzen zu müssen. Natürlich ist es nicht machbar alle Sprachen, aus denen die muslimischen Familien stammen, zu sprechen. Es wäre aber gut ein paar Worte in den einzelnen Sprachen zu kennen und sich evtl. auf eine oder zwei Hauptsprachen zu spezialisieren. Das Beherrschen einzelner Worte signalisiert den Eltern bereits Offenheit und Interesse. Durch muttersprachliche MitarbeiterInnen kann eine weitere Erleichterung geschaffen werden. Auch unabhängige DolmetscherInnen können eine Möglichkeit sein, mit den Eltern in Kontakt zu treten.

Bei der *Auswahl der MitarbeiterInnen* in der Jugendberufshilfe sollten zwei Aspekte berücksichtigt werden. Zum einen ist dies der kulturell-religiöse Hintergrund. Fachkräfte der Sozialen Arbeit mit Migrationshintergrund können als Vorbild für die Jugendlichen dienen. Auch ist das Vertrauensverhältnis zwischen MitarbeiterIn und Jugendlichem einfacher aufzubauen, da ein größeres Verständnis aufgrund des ähnlichen Kontextes vorhanden ist. Zum anderen sollte auf ein geschlechtsspezifisches Gleichgewicht der MitarbeiterInnen geachtet werden, um den Problemen aufgrund geschlechtsspezifischer Erziehung begegnen zu können.

Abhängig von der Maßnahme ist es empfehlenswert einen *Islam- bzw. Religionsunterricht* einzurichten. Dieser dient zunächst zur Informationsgewinnung, um das Wissen der Jugendlichen auszubauen, unterstützt diese bei der Identitätssuche und kann im interreligiösen Zusammenhang Vorurteile abbauen. Dabei ist es wichtig auf die Gruppenkonstellation zu achten, da ein religionsübergreifender Unterricht Schwierigkeiten mit sich bringen kann.

In Bezug auf unmotivierte Jugendliche, müssen zwei Gesichtspunkte mehr als bisher berücksichtigt werden. Zum einen ist es wichtig, den Jugendlichen zu vermitteln, dass die Jugendberufshilfemaßnahme nicht die unterste gesellschaftliche Ebene ist, sondern ihnen eine Chance für ihre berufliche Zukunft bietet. Zum anderen bedarf es *Vorbilder*. Türkische erfolgreiche Frauen bzw. Männer, die aus derselben Situation ihr Leben gemeistert haben oder andere Jugendliche, die ebenfalls an einer Jugendberufshilfemaßnahme teilgenommen haben, können hierbei behilflich sein.

Damit SozialarbeiterInnen und SozialpädagogInnen optimal auf Jugendliche mit türkischem Migrationshintergrund eingehen und mit deren Eltern zusammenarbeiten können, benötigen sie *Wissen über den Islam*. Um die religiöse Bedeutung für muslimische Familien zu achten ist die Informationsgewinnung über die Vielfalt, die Lebensweise und die Familienverhältnisse von Bedeutung. Kenntnisse über die *interreligiöse Kompetenz* sind ebenfalls von Vorteil. Um dieses Ziel zu erreichen, ist eine Fortbildung für Fachkräfte der Sozialen Arbeit erforderlich.

8.4 Fortbildung für Fachkräfte der Sozialen Arbeit

Generell ist festzuhalten, dass die interreligiöse Kompetenz für die bloße Vermittlung von Praktikums- und Ausbildungsplätzen nicht so wichtig ist, da die Fachkräfte der Sozialen Arbeit alle Jugendlichen gleich behandeln sollten. Um die Jugendlichen allerdings in ihrem sozialen Gefüge besser verstehen zu können, was auch deren Wunsch entspricht, ist eine interreligiöse Kompetenz unabdingbar. FREISE wies bereits darauf hin, dass das sich Einlassen und Begegnen mit muslimischen Jugendlichen nicht immer einfach ist:

„Wenn wir uns in der Jugend(sozial)arbeit wirklich auf Begegnungen mit muslimischen Jugendlichen einlassen, dann muten wir uns viel zu. Wir werden Fremdheitserfahrungen machen, die verunsichern: Wo gilt es, Fremdes zuzulassen, wo müssen wir konfrontieren, wenn wir der Auffassung sind, hier werden Grundlagen unserer Werteordnung infrage gestellt [...]." (Freise zitiert in Starke-Uekermann 2007: o.S.)

In den Einrichtungen der Jugendberufshilfe wird die Bedeutung der Religion für Jugendliche mit türkischem Migrationshintergrund häufig außer Acht gelassen. SozialarbeiterInnen und SozialpädagogInnen müssen, wenn sie einen Bedarf sehen, autodidaktisch Kenntnisse über den Islam erwerben. Eine professionelle Fortbildung über den Umgang mit muslimischen Jugendlichen im Allgemeinen und türkischen Jugendlichen im Speziellen wäre jedoch von Vorteil.

Es gibt bereits viele Fortbildungen zur interkulturellen Kompetenz, die nach Renz et al. eine wichtige Voraussetzung für das Erlernen der interreligiöse Kompetenz darstellen. Damit eine Fortbildung für Fachkräfte der Sozialen Arbeit interessant ist, muss sie speziell auf die Arbeit mit türkischen/muslimischen Jugendlichen in der Jugendberufshilfe abgestimmt sein. Aufgrund der lokalen Differenzen innerhalb Deutschlands ist es allerdings nur in Ballungszentren, in denen sehr viele türkische MitbürgerInnen leben, sinnvoll, die Fortbildung speziell auf diese Zielgruppe abzustimmen. In anderen Teilen Deutschlands, wie auch in Freiburg, ist ein Interesse eher an einer Fortbildung vorhanden, die allgemein die Arbeit mit muslimischen Jugendlichen in der Jugendberufshilfe thematisiert.

Die bloße Wissensvermittlung über den Islam reicht für eine Weiterbildung nicht aus und würde bei den Fachkräften der Sozialen Arbeit auf wenig Interesse stoßen, da bereits eine Vielzahl an Möglichkeiten zur Informationsgewinnung existiert. Eine mögliche Fortbildung zum Erwerb der interreligiösen Kompetenz sollte gemäß den Ergebnissen der zugrunde liegenden Untersuchung in drei Blöcken gestaffelt sein: Es bedarf einiger Grundinformationen über den Islam, einer Reflexion des eigenen Standpunktes und die Thematisierung türkischer/muslimischer Jugendlicher in der Jugendberufshilfe. Die Ausgestaltung dieser drei Blöcke ist im Rahmen dieser Arbeit nicht möglich. Dennoch werden im Folgenden einige aus der Forschung resultierende Fragen bzw. Themen genannt, die zur inhaltlichen Strukturierung der Fortbildung hilfreich sein können.

Block 1: Grundinformationen über den Islam

Worin liegen die Unterschiede zwischen lokalen Traditionen und der Religion?

Vielfältige Lebensweisen von Muslimen

Informationen über die religiösen Pflichten

Welche Werte sind in türkischen/muslimischen Familien wichtig?

Wie funktioniert das türkische/muslimische Familiensystem?

Block 2: Selbstreflexion

Welche Bedeutung hat die Religion für mich?

In welchen Lebensbereichen bin ich religiös/kulturell geprägt?

Welche Position beziehe ich im Christentum?

Welche Einstellung habe ich zum Islam? Woraus resultiert diese?

Wie gehe ich mit Spannungen um, die durch die Differenzen zwischen muslimischen und christlichen Ansichten entstehen?

Block 3: Türkische/muslimische Jugendliche in der Jugendberufshilfe

Welche Auswirkungen hat die Religion für die Berufswahl?

Welche Bedeutung hat der berufliche Erfolg in der Familie?

Welche Bedeutung hat das Familiensystem für die berufliche Zukunft der Kinder?

Welche Bedeutung hat die geschlechtsspezifische Erziehung für die Arbeit in der Jugendberufshilfe?

Auf welche Probleme bin ich in meiner Arbeit mit türkischen/muslimischen Jugendlichen gestoßen und welche Lösungsmöglichkeiten gibt es für diese Probleme?

Welche Aspekte müssen im Umgang mit türkischen/muslimischen Jugendlichen beachtet werden?

Das Ziel einer solchen Fortbildung ist das Erlernen einer interreligiösen Kompetenz, um die Jugendlichen in ihrem Leben und ihren Vorstellungen besser verstehen und einzuschätzen zu können. Zudem bietet es den SozialarbeiterInnen/SozialpädagogInnen die Möglichkeit ihr Wissen bezüglich des Islam zu erweitern und ihre eigene Haltung in Bezug auf das Christentum und den Islam zu reflektieren.

9   AUSBLICK

Am Ende der vorliegenden Arbeit bleiben für die Verfasserin noch einige Fragen unbeantwortet. Aufgrund der gesetzlichen Grundlagen der Jugendberufshilfe ist eine Vielzahl an Maßnahmen vorhanden, die im Rahmen dieser Arbeit nicht abgedeckt werden konnten. Das Sample der InterviewpartnerInnen setzt sich hauptsächlich aus TeilnehmerInnen und Fachkräften der Sozialen Arbeit in BVJ/BEJ zusammen. Es stellt sich daher die Frage, ob es Unterschiede in den einzelnen Maßnahmen bezüglich des Umgangs mit türkischen Jugendlichen gibt. Es ist davon auszugehen, dass die Voraussetzungen sich anders gestalten, da sich die Jugendlichen in einer abH z.B. schon in einer Ausbildung befinden und daher die Hürde der Ausbildungsplatzsuche bereits überwunden haben.

Ein zweiter wichtiger Aspekt betrifft die von den Fachkräften angesprochenen regionalen Unterschiede türkischer Jugendlicher in Deutschland. In Freiburg gibt es keine türkischen Stadtviertel wie in anderen Städten der Bundesrepublik. Die Gruppe weist eine starke Heterogenität auf. Es stellt sich die Frage, ob die vorliegende Untersuchung in einer Stadt wie Mannheim anders ausgefallen wäre.

Der letzte Punkt betrifft die Fortbildungen für Fachkräfte der Sozialen Arbeit in der Jugendberufshilfe. In der durchgeführten Untersuchung arbeitete die Verfasserin bereits die Notwendigkeit einer Fortbildung heraus, um eine interreligiöse Kompetenz zu erlangen. Die InterviewpartnerInnen nannten einige Themen, die im Zusammenhang mit türkischen/muslimischen Jugendlichen von Interesse sind. Um eine solche Fortbildung anbieten zu können, bedarf es einer weiteren Untersuchung zur Erarbeitung des thematischen Inhalts und der Methodik.

Abschließend soll wiederholt darauf hingewiesen werden, dass in Deutschland viele MigrantInnen aus der Türkei leben, über die in der Öffentlichkeit häufig negativ diskutiert wird. Es ist nicht von einer homogenen Gruppe der TürkInnen auszugehen. Um eine Veränderung in der Benachteiligung türkischer Jugendlicher zu bewirken und ihnen die Möglichkeit zu geben die Ausgangschancen für ihre berufliche Zukunft zu verbessern, kann die Soziale Arbeit einen wesentlichen Beitrag leisten. Die Fachkräfte der Sozialen Arbeit müssen sich intensiv mit dieser Zielgruppe und ihren Bedürfnissen auseinandersetzen. Hierzu gehört für viele muslimische Jugendliche unter anderem die Religion. Diese kann und darf nicht länger ohne Berücksichtigung bleiben.

Die vorliegende Arbeit soll mit einem Zitat des Politologen Bassam TIBI beendet werden, welches darauf hinweist, welchen Einfluss die Soziale Arbeit in der Ju-

---

gendberufshilfe als sekundären Sozialisationsort auf Jugendliche mit türkischem Migrationshintergrund haben kann.

„Die in Deutschland geborenen muslimischen Mädchen und Jungen sind wie `leere Blätter'. Man kann sie durch Sozialisation orthodox-islamisch, islamistisch oder demokratisch füllen. Das hängt davon ab, in welcher Umgebung sie sich befinden und wer sie beeinflusst." (Tibi zitiert in Schönlebe 2004: 8)

10 LITERATURVERZEICHNIS

ATTESLANDER, P. (2000): Methoden der empirischen Sozialforschung. Berlin: Walter de Gruyter GmbH & Co. KG.

AUTORENGRUPPE BILDUNGSBERICHTERSTATTUNG (Hg.) (2008): Bildung in Deutschland (2008). Ein indikatorengestützter Bericht mit einer Analyse zu Übergängen im Anschluss an den Sekundarbereich I. Bielefeld: W. Bertelsmann Verlag GmbH & Co KG.

BAUMANN, U. (2005): Akteure interreligiöses Lernen (S.397-408). In: SCHREINER, P./SIEG, U./ELSENBAST, V. (Hg.): Handbuch interreligiöses Lernen. Gütersloh: Gütersloher Verlagshaus GmbH.

BAUMGART, F. (Hg.) (2008): Theorien der Sozialisation. Bad Heilbrunn: Verlag Julius Klinkhardt.

BLOHM, M./WASMER, M. (2008): Einstellungen und Kontakte zu Ausländern (S.210-214). In: BUNDESZENTRALE FÜR POLITISCHE BILDUNG: Datenreport 2008. Ein Sozialbericht für die Bundesrepublik Deutschland. Bonn.

BLUME, Dr. M. (2008): Islamische Religiosität nach Altersgruppen. Ein Vergleich der Generationen (S.44-49). In: BERTELSMANN STIFTUNG: Religionsmonitor 2008 Muslimische Religiosität in Deutschland. Überblick zu religiösen Einstellungen und Praktiken. Gütersloh: Bertelsmann Stiftung. Online im Internet:
URL: http://www.bertelsmann-stiftung.de/cps/rde/xbcr/SID-0A000F0A-A8BB02A4/bst/xcms_bst_dms_25864_25865_2.pdf [Stand: 28.01.2009]

BMAS – Bundesministerium für Arbeit und Soziales (Hg.) (2008): Lebenslagen in Deutschland. Der dritte Armuts- und Reichtumsbericht der Bundesregierung. Online im Internet:
URL: http://www.bmas.de/coremedia/generator/26896/lebenslagen__in__deutschland __der__3__armuts__und__reichtumsbericht__der__bundesregierung.html [Stand: 06.12.2008]

BMBF – Bundesministerium für Bildung und Forschung (2005):Berufliche Qualifizierung Jugendlicher mit besonderem Förderbedarf. Benachteiligten-förderung. Bonn/Berlin. Online im Internet:
URL: http://www.bmbf.de/pub/berufliche_qualifizierung_jugendlicher.pdf [Stand: 18.02.2009]

BMBF – Bundesministerium für Bildung und Forschung (2006): Schulerfolg von Jugendlichen im internationalen Vergleich. Berlin. Online im Internet:
URL: http://www.bmbf.de/pub/bildungsforschung_band_neunzehn.pdf [Stand: 24.11.2008]

BMBF – Bundesministerium für Bildung und Forschung (2008): Berufsbildungsbericht 2008. Bonn/Berlin. Online im Internet:
URL: http://www.bmbf.de/pub/bbb_08.pdf [Stand: 18.02.2009]

BMI – Bundesministerium des Innern (Hg.) (2008): Migrationsbericht des Bundesamtes für Migration und Flüchtlinge im Auftrag der Bundesregierung. Berlin. Online im Internet:

URL: http://www.bmi.bund.de/cae/servlet/contentblob/297624/publicationFile/15549/mig
rationsbericht_2007.pdf [Stand: 14.03.2009]

BMI – Bundesministerium des Innern (Hg.) (2009): Muslimisches Leben in Deutschland. Im Auftrag der Deutschen Islam Konferenz. Nürnberg. Online im Internet:
URL: http://www.bmi.bund.de/cae/servlet/contentblob/566008/publicationFile/31720/voll
version_studie_muslim_leben_deutschland_.pdf;jsessionid=A39CCCDAAEB22B99
C3F2691E2225B1F2 [Stand: 26.06.2009]

BOOS-NÜNNING, U. (2001): Interkulturelle Arbeit (S.841-846). In: FÜLBIER,
P./MÜNCHMEIER, R. (Hg.): Handbuch Jugendsozialarbeit. Geschichte, Grundlagen, Konzepte, Handlungsfelder, Organisationen. Band 2. Münster: Votum Verlag.

BOOS-NÜNNING, U. (2006): Junge Frauen mit Migrationshintergrund in der Jugendhilfe (S.214-222). In: OTTO, H./SCHRÖDTER, M. (Hg.): Neue Praxis. Zeitschrift für Sozialarbeit, Sozialpädagogik und Sozialpolitik, 2006, Sonderheft 8.

BUNDESMINISTERIUM DER JUSTIZ (2008b): Sozialgesetzbuch VIII. Kinder- und Jugendhilfe. Online im Internet:
URL: http://bundesrecht.juris.de/sgb_8/index.html [Stand: 13.03.2009]

BUNDESMINISTERIUM DER JUSTIZ (2009): Sozialgesetzbuch III. Arbeitsförderung. Online im Internet:
URL: http://bundesrecht.juris.de/sgb_3/index.html [Stand: 13.03.2009]

FREISE, J. (2005): Aspekte der Identitätsentwicklung zugewanderter Jugendlicher: allgemeine Spannungsfelder, das Problem Diskriminierung und Konsequenzen für die Jugendhilfe (S.11-31). In: FELD, K./FREISE, J./MÜLLER, A. (Hg.): Mehrkulturelle Identität im Jugendalter. Die Bedeutung des Migrationshintergrundes in der Sozialen Arbeit. Münster, Lit Verlag.

FREISE, J. (2007): Interkulturelle Soziale Arbeit. Theoretische Grundlagen – Handlungsansätze – Übungen zum Erwerb interkultureller Kompetenz. Schwalbach: Wochenschau Verlag.

FÜLBIER, P. (2001): Quantitative Dimension der Jugendberufshilfe (S.486-503). In: FÜLBIER,
P./MÜNCHMEIER, R. (Hg.): Handbuch Jugendsozialarbeit. Geschichte, Grundlagen, Konzepte, Handlungsfelder, Organisationen. Band 1. Münster: Votum Verlag.

FÜLBIER, P. (2002): Jugendsozialarbeit (S.755-771). In: SCHRÖER, W./STRUCK, N./WOLFF,
M. (Hg.): Handbuch Kinder- und Jugendhilfe. Weinheim und München: Juventa Verlag.

GENSICKE, T. (2006): Jugend und Religiosität (S.203-239). In: Shell Deutschland Holding (Hg.): Jugend 2006. Eine pragmatische Generation unter Druck. Frankfurt am Main; Fischer Taschenbuch Verlag.

GEIST, S. (2007): Muslimische Mädchen in Deutschland. Zwischen Neugier und Tabu. Saarbrücken: VDM Verlag Dr. Müller e. K..

GERBER, U. (2006): Interreligiöser Dialog zur Friedensförderung. Abgrenzung – Toleranz – Differenz (S.63-78). In: GERBER, U. (Hg.): Auf die Differenz kommt es an. Interreligiöser Dialog mit Muslimen. Leipzig: Evangelische Verlagsanstalt GmbH.

GOLTZ, M./CHRISTE, G./BOHLEN, E. (2008): Chancen für Jugendliche ohne Berufsausbildung. Problemanalyse – Beschäftigungsfelder – Förderstrategien. Freiburg im Breisgau: Lambertus Verlag.

GOßMANN, H. (2005): Erfahrungen im interreligiösen Dialog – eine christliche Sicht (S.249-354). In: SCHREINER, P./SIEG, U./ELSENBAST, V. (Hg.): Handbuch interreligiöses Lernen. Gütersloh: Gütersloher Verlagshaus GmbH.

GOTTSCHLICH, J./ZAPTÇIOĞLU, D. (2005): Das Kreuz mit den Werten. Über deutsche und türkische Leitkulturen. Hamburg: edition Körber-Stiftung.

GRANATO, M. (2003): Jugendliche mit Migrationshintergrund – auch in der beruflichen Bildung geringere Chancen? (S.113-135). In: AUERNHEIMER, G. (Hg.): Schieflagen im Bildungssystem. Die Benachteiligung der Migrantenkinder. Opladen: Leske + Budrich.

HAMPEL, C. (2001): Jugendsozialarbeit und Arbeitsförderungsrecht (S.295-310). In: FÜLBIER, P./MÜNCHMEIER, R. (Hg.): Handbuch Jugendsozialarbeit. Geschichte, Grundlagen, Konzepte, Handlungsfelder, Organisationen. Band 1. Münster: Votum Verlag.

HAMPEL, C. (2006): Jugendberufshilfe. Rechtsgrundlagen, Entwicklungen, Bewertungen. Köln: Landesarbeitsgemeinschaft Katholische Jugendsozialarbeit Nordrhein-Westfalen.

HEINE, Prof. Dr. P./SPIELHAUS, R. (2008): Sunniten und Schiiten in Deutschland (S.24-31). In: BERTELSMANN STIFTUNG: Religionsmonitor 2008 Muslimische Religiosität in Deutschland. Überblick zu religiösen Einstellungen und Praktiken. Gütersloh: Bertelsmann Stiftung. Online im Internet:
URL: http://www.bertelsmann-stiftung.de/cps/rde/xbcr/SID-0A000F0A-A8BB02A4/bst/xcms_bst_dms_25864_25865_2.pdf [Stand: 28.01.2009]

INAM, H. (2005): Schlechter Dialog ist besser als kein Dialog. Der Wille zum Dialog – eine Frage der Mündigkeit von Beziehungen (S.80-112). In: NEUSER, B. (Hg.): Dialog im Wandel. Der christlich-islamische Dialog. Anfänge, Krisen, neue Wege. Neukirchen-Vluyn: Neukirchner Verlagshaus.

JOHN, Prof. Dr. B. (2008): Nur wer sich in seiner Religiosität anerkannt fühlt, wird sich integrieren (S.74-75). In: BERTELSMANN STIFTUNG: Religionsmonitor 2008 Muslimische Religiosität in Deutschland. Überblick zu religiösen Einstellungen und Praktiken. Gütersloh: Bertelsmann Stiftung. Online im Internet:
URL: http://www.bertelsmann-stiftung.de/cps/rde/xbcr/SID-0A000F0A-A8BB02A4/bst/xcms_bst_dms_25864_25865_2.pdf [Stand: 28.01.2009]

KELEK, N. (2002): Islam im Alltag. Islamische Religiosität und ihre Bedeutung in der Lebenswelt von Schülerinnen und Schülern türkischer Herkunft. Münster: Waxmann Verlag GmbH.

KEßNER, I. (2004): Christen und Muslime – Nachbarn in Deutschland. Ein Beitrag zu einer interkulturellen Hermeneutik. Gütersloh: Gütersloher Verlagshaus GmbH.

KIECHLE, J./ZIEBERTZ, H. (2005): Konfliktmanagement als Kompetenz interreligiösen Lernens (S.282-293). In: SCHREINER, P./SIEG, U./ELSENBAST, V. (Hg.): Handbuch interreligiöses Lernen. Gütersloh: Gütersloher Verlagshaus GmbH.

KUTSCHA, G. (o.J.): Berufsvorbereitung und Förderung benachteiligter Jugendlicher. Online im Internet:

URL: http://www.uni-duisburg-esen.de/imperia/md/content/berufspaedagogik/2_kutscha
_berufsvorbereitungkutscha_expertise_berufsvorb.pdf [Stand: 19.02.2009]

LANGNESS, A./LEVEN, I./HURRELMANN, K. (2006): Jugendliche Lebenswelten. Familie,
Schule, Freizeit (S.49-102). In: SHELL DEUTSCHLAND HOLDING (Hg.): Jugend 2006.
Eine pragmatische Generation unter Druck. Frankfurt am Main: Fischer Taschenbuch Ver-
lag.

LEIMGRUBER, S. (2007): Interreligiöses Lernen. München: Kösel-Verlag.

MAYRING, P. (2007): Qualitative Inhaltsanalyse. Grundlagen und Techniken. 9.Auflage. Weinheim und Basel: Beltz Verlag.

MIES-VAN ENGELSHOVEN, B. (2001): Jugendsozialarbeit mit zugewanderten jungen Menschen
(S.613-629). In: FÜLBIER, P./MÜNCHMEIER, R. (Hg.): Handbuch Jugendsozialarbeit.
Geschichte, Grundlagen, Konzepte, Handlungsfelder, Organisationen. Band 1. Münster: Vo-
tum Verlag.

MÜLLER, A. (2006) Die sexuelle Sozialisation in der weiblichen Adoleszent. Mädchen und junge
Frauen deutscher und türkischer Herkunft im Vergleich. Münster: Waxmann Verlag GmbH.

NAVEND e.V. – Zentrum für kurdische Studien e.V. (2006). Online im Internet:
URL: http://www.navend.de/html/kurden/migration.htm [Stand: 27.03.2009]

NIPKOW, K. (2005): Ziele interreligiösen Lernens als mehrdimensionales Problem (S.362-380). In:
SCHREINER, P./SIEG, U./ELSENBAST, V. (Hg.): Handbuch interreligiöses Lernen. Gütersloh: Gütersloher Verlagshaus GmbH.

ÖZDEMIR, C. (2008): Die Türkei. Politik, Religion, Kultur. Weinheim/Basel: Beltz & Gelberg.

ÖZTÜRK, H. (2007): Wege zur Integration. Lebenswelten muslimischer Jugendlicher in Deutschland. Bielefeld: transcript Verlag.

PAYANDEH, M. (2002): Emanzipation trotz Patriarchat? Türkische Frauen des Bildungsmilieus
berichten über ihr Leben. Marburg: Tectum Verlag.

RENZ, A./LEIMGRUBER, S. (2004): Christen und Muslime. Was sie verbindet – Was sie unterscheidet. München: Kösel-Verlag GmbH & Co..

RICKERS, F. (2003): Islam – eine religionspädagogische Herausforderung (S.49-56). In: BUKOW,
W./Yildiz, E. (Hg.): Islam und Bildung. Opladen: Leske + Budrich.

RIEGEL, D. (2009): Förderung für Jugendliche optimieren – Schnittstelle klären. In: KJS – Katholische Jugendsozialarbeit (Hg.): Jugendsozialarbeit News Nr. 327. Online im Internet:
URL: http://news.jugendsozialarbeit.de/jsa/bagkjs/bagkjs.nsf [Stand: 26.05.2009]

SCHERR, A. (2007): Sozialisation, Person, Individuum (S.45-68). In: KORTE, H./SCHÄFERS, B.
(Hg.): Einführung in Hauptbegriffe der Soziologie. 7. Grundlegend überarbeitete Auflage.
Wiesbaden: VS Verlag für Sozialwissenschaften/GWV Fachverlage GmbH.

SCHÖNLEBE, D. (2004): Kritik der reinen Toleranz (S.6-9). In: BPB (Bundeszentrale für politische Bildung): Fluter, Nr. 13.

SCHÖNPFLUG, U. (2008): Sozialisation in der Migrationssituation (S.217-228). In: HURRELMANN, K./GRUNDMANN, M./WALPER, S. (Hg.): Handbuch Sozialisationsforschung. 7. Auflage. Weinheim und Basel: Beltz Verlag.

ŞEN, F./AYDIN, H. (2002): Islam in Deutschland. München: Verlag C.H. Beck oHG.

SPI – Sozialpädagogisches Institut im SOS-Kinderdorf e.V. (2002): Vorwort des SPI (S.4-5). In: SPI – Sozialpädagogisches Institut im SOS-Kinderdorf e.V. (Hg.): Migrantenkinder in der Jugendhilfe. München: Eigenverlag.

SPULER-STEGEMANN, U. (2002): Muslime in Deutschland. Informationen und Klärungen. Freiburg im Breisgau: Verlag Herder.

STARKE-UEKERMANN, S. (2007): Integration und Religion. Interreligiöser Dialog zwischen Christen und Muslimen. Eine Aufgabe für die kirchliche Jugend(sozial)arbeit. Online im Internet:
URL:http://news.jugendsozialarbeit.de/jsa/bagkjs/bagkjs.nsf/Frameset?OpenFrameSet&Frame=Body&Src=%2Fjsa%2Fbagkjs%2Fbagkjs.nsf%2FAchive%2F5547d9d23a48ad65c125751d0049cc73!OpenDocument%26AutoFramed [Stand: 02.03.2009]

STATISTA.COM (2009): Anteil von Erwerbslosen Personen im Jahre 2005 nach Bevölkerungsgruppe. Online im Internet:
URL: http://de.statista.com/statistik/daten/studie/3355/umfrage/erwerbslose-personen-nach-bevoelkerungsgruppen/
[Stand: 28.02.2009]

STIFTUNG ZENTRUM FÜR TÜRKEISTUDIEN (Hg.) (2006): Islam in Deutschland. Einstellungen der türkischstämmigen Muslime. Religiöse Praxis und organisatorische Vertretung türkischstämmiger Muslime in Deutschland. Essen. Online im Internet:
URL:http://www.zftonline.de/UserFiles/File/ZfT%20aktuell%20115%20Islam%202005_neu.pdf [Stand: 07.02.2009]

STREIB, H. (2005): Wie finden interreligiöse Lernprozesse bei Kindern und Jugendlichen statt? Skizze einer xenosophischen Religionsdidaktik (S.230-243). In: SCHREINER, P./SIEG, U./ELSENBAST, V. (Hg.): Handbuch interreligiöses Lernen. Gütersloh: Gütersloher Verlagshaus GmbH.

STUCKSTÄTTE, E. (2001): Jugendberufshilfe auf neuen Wegen. Einblicke in sozialpädagogische Arbeitsansätze der Benachteiligtenförderung. Münster: Lit Verlag.

TEPECIK, E. (2003): Bildungsarbeit im Auftrag des Islamismus. Erziehung oder Indoktrination?. Wiesbaden: Deutscher Universitäts-Verlag GmbH.

THORING, W. (2005): Kooperationspartner Jugendberufshilfe (S.562-569). In: DEINET, Ulrich/STURZENHECKER, B. (Hg.): Handbuch offene Kinder- und Jugendarbeit. 3.völlig überarbeitete und erweiterte Auflage. Wiesbaden: VS Verlag für Sozialwissenschaften/GWV Fachverlage GmbH.

TIBI, B. (2001): Der Islam und Deutschland. Muslime in Deutschland. Stuttgart/München: Deutsche Verlags – Anstalt GmbH.

TIETZE, N. (2001): Islamische Identitäten. Formen muslimischer Religiosität junger Männer in Deutschland und Frankreich. Hamburg: Hamburger Edition.

TIETZE, N. (2003): Muslimische Identitäten (S.83-91). In: BUKOW, W./Yildiz, E. (Hg.): Islam und Bildung. Opladen: Leske + Budrich.

TIETZE, N. (2004): Muslimische Selbstbeschreibungen unter jungen Männern: Differenzkonstruktionen und die Forderung nach Respekt (S.123-138). In: SÖKEFELD, M.: Jenseits des Paradigmas kultureller Differenz. Neue Perspektiven auf Einwanderer aus der Türkei. Bielefeld: transcript Verlag.

VBW – Vereinigung der Bayrischen Wirtschaft e.V. (Hg.) (2007): Bildungsgerechtigkeit. Jahresgutachten 2007. Wiesbaden: VS Verlag für Sozialwissenschaften/GWV Fachverlage GmbH.

WAARDENBURG, J. (2007): Selbstsicht und Sicht des Anderen. Alte Abgrenzungen und neue Wege zur Offenheit im christlich-islamischen Verhältnis (S.21-40). In: SCHMID, H./RENZ, A./SPERBER, J./TERZI, D. (Hg.): Identität durch Differenz? Wechselseitige Abgrenzung in Christentum und Islam. Regensburg: Verlag Friedrich Pustet.

WENSIERSKI, von H. (2007): Die islamische-selektive Modernisierung – Zur Struktur der Jugendphase junger Muslime in Deutschland. In: WENSIERSKI, von H./LÜBCKE, C. (Hg.): Junge Muslime in Deutschland. Lebenslagen, Aufwachsprozese und Jugendkulturen. Opladen & Farmington Hills: Verlag Barbara Budrich.

WINGERTER, C. (2008): Arbeitsmarkt und Erwerbstätigkeit (S.109-144). In: BUNDESZENTRALE FÜR POLITISCHE BILDUNG: Datenreport 2008. Ein Sozialbericht für die Bundesrepublik Deutschland. Bonn.

WISSEN MEDIA VERLAG: Diaspora. Online im Internet: URL:http://www.wissen.de/wde/generator/wissen/ressorts/bildung/index,page=1083442.ht ml [Stand: 13.02.2009]

YADA, S. (2005): Zum Vergleich der Erziehungsmilieus deutscher und türkischer Familien und ihrer Bedeutung für die Schule. Stuttgart: ibidem Verlag.

ZIMMERMANN, P. (2008): Grundwissen Sozialisation. Einführung zur Sozialisation im Kindes- und Jugendalter. 3. Überarbeitete und erweiterte Auflage. Wiesbaden: VS Verlag für Sozialwissenschaften/GWV Fachverlage GmbH.

11 ABBILDUNGSVERZEICHNIS

12 ABKÜRZUNGSVERZEICHNIS

abH	Ausbildungsbegleitende Hilfen
AFG	Arbeitsförderungsgesetz
AVAVG	Gesetz über Arbeitsvermittlung und Arbeitslosenversicherung
BaE	Berufsausbildung in einer außerbetrieblichen Einrichtung
BBiG	Berufsbildungsgesetz
BEJ	Berufseinstiegsjahr
BGJ	Berufsgrundbildungsjahr
BMAS	Bundesministerium für Arbeit und Soziales
BMBF	Bundesministerium für Bildung und Forschung
Bpb	Bundeszentrale für politische Bildung
BvB	Berufsvorbereitende Bildungsmaßnahmen
BVJ	Berufsvorbereitendes Jahr
JWG	Jugendwohlfahrtsgesetz
KJHG	Kinder- und Jugendhilfegesetz
SGB II	Sozialgesetzbuch II
SGB III	Sozialgesetzbuch III
SGB VIII	Sozialgesetzbuch VIII
Üh	Übergangshilfen

UNSER BUCHTIPP !

UNSERE BUCHTIPPS !

■ Sarah Hege
Mehr als Geld
Motive und Strukturen der Unterstützung subsaharischer Herkunftsländer durch migrierte Landsleute
Migration und Lebenswelten, Bd. 3, 2011, ca. 140 s.,
ISBN 978-3-86226-094-2, € 18,80

■ Fabian Frank
Soziale Netzwerke von (Spät-)Aussiedlern
Eine Analyse sozialer Unterstützung aus sozialarbeiterischer Perspektive
Migration und Lebenswelten, Bd. 1, 2011, 120 S.,
ISBN 978-3-86226-037-9., € 16,80

■ Ilhami Atabay
„Ist dies mein Land?"
Migration und Identität bei türkeistämmigen Kindern und Jugendlichen
Münchner Studien zur Kultur- und Sozialpsychologie, Band 21
2. überarb. und erg. Auflage 2011, 224 S., ISBN 978-3-86226-017-1, € 15,90

■ Ilhami Atabay
Die Kinder der „Gastarbeiter"
Familienstrukturen türkeistämmiger MigrantInnen zweiter Generation
Münchner Studien zur Kultur- und Sozialpsychologie, Band 20,
2. überarb. und erg. Auflage 2011, 210 S., ISBN 978-3-86226-016-4, € 19,90

■ Ilhami Atabay
„Ich bin Sohn meiner Mutter"
Elterliches Bindungsverhalten und männliche Identitätsbildung in türkeistämmigen Familien
Münchner Studien zur Kultur- und Sozialpsychologie, Band 19, 2010, 165 S.,
ISBN 978-3-86226-014-0, € 18,90

■ Oğuzhan Yazici
Jung, männlich, türkisch – gewalttätig?
Eine Studie über gewalttätige Männlichkeitsinszenierungen türkischstämmiger Jugendlicher im Kontext von Ausgrenzung und Kriminalisierung
Schriften zum Jugendrecht und zur Jugend-Kriminologie, Band 8, 2011, 210 S.,
ISBN 978-3-86226-040-9, € 22,80

■ Anissa Norman
„Migrationshintergrund ist halt auch irgendwie Thema"
Eltern mit Migrationshintergrund im Kontext der stationären Kinder- und Jugendhilfe
Reihe Pädagogik, Bd. 35, 2010, 195 S.,
ISBN 978-3-8255-0767-1, € 22,00

■ Elisa Bader
Bildungschancen und -ambitionen türkischer MigrantInnen
Vor dem Hintergrund divergierender institutioneller Konzepte im Umgang mit Migrationseltern in Deutschland und Australien
Reihe Pädagogik, Bd. 34, 2010, 120 S.,
ISBN 978-3-8255-0760-2, € 18,00

Printed in the United States
By Bookmasters